西日本名城紀行

小林 祐一 著

メイツ出版

中国の城

四国の城

九州・沖縄の城

●堀・濠・壕について
城郭を囲む堀については、原則として人工的に掘られた場合は「堀」、もともとあった自然の川や谷を利用しているばあいは「濠「壕」の表記にしています。

● DATA欄について
現在、多くの城跡の場合、「城跡そのものは公園化され自由に見学できるが、城跡内にある資料館などは有料で入場時間が決まっている」というようになっています。本書では、DATA欄に「自由に見学できる城跡」と「有料の見学施設」を別々に表記しました。ただし、城跡と同し敷地内にある有料見学施設の交通標記は省略しています。また、見学施設の定休日は通常期間を中心に記載しています。

なお、DATA欄の情報は、2019年5月現在のものです。

■DATA欄のマークは以下のとおりです。

営 見学可能な時間	交 最寄り駅からの交通
休 定休日	P 駐車場の有無
料 見学料金（大人）	☎ 問い合わせ先電話番号

※本書は2008年発行の『日本名城紀行 西日本編』の改訂版です。

名城紀行

西日本編

CONTENTS

近畿の城

北陸の城

■本書の表記について

●本書に掲載した城郭について

本書で紹介した城郭の基準は以下の通りです。
①原則として、近世城郭であること。
②現地に「城郭らしさ」を感じさせる史跡が現存、あるいは城郭建築が復元されていること。
③古代・中世の城郭であっても、歴史上重要な城郭であったり、上記にあてはまる場合は紹介しています。(例：安土城、朝倉館、大野城、水城、沖縄の各城郭など) また、天守閣があっても歴史上、城郭の有無が確かでない「観光天守閣」は原則として紹介していません。

●歴代城主の表記について

歴代城主については、原則として慶長5年(1600)の関ケ原合戦以降のものとしました。また、城主の項目の石高については、原則、入城時の石高を記載しています。(例：一般に金沢城主前田家の石高は幕末時の102万石ですが、本書では江戸時代初期の120万石としています)

●城郭建築について

再建天守閣については、本書では原則「再建」と表記しています。その中で古写真などに基づきできる限り史実に則り再建された場合は「復元」、鉄筋コンクリート建築であっても、外観をできる限り忠実に再建されている場合は「外観を復元」としています。

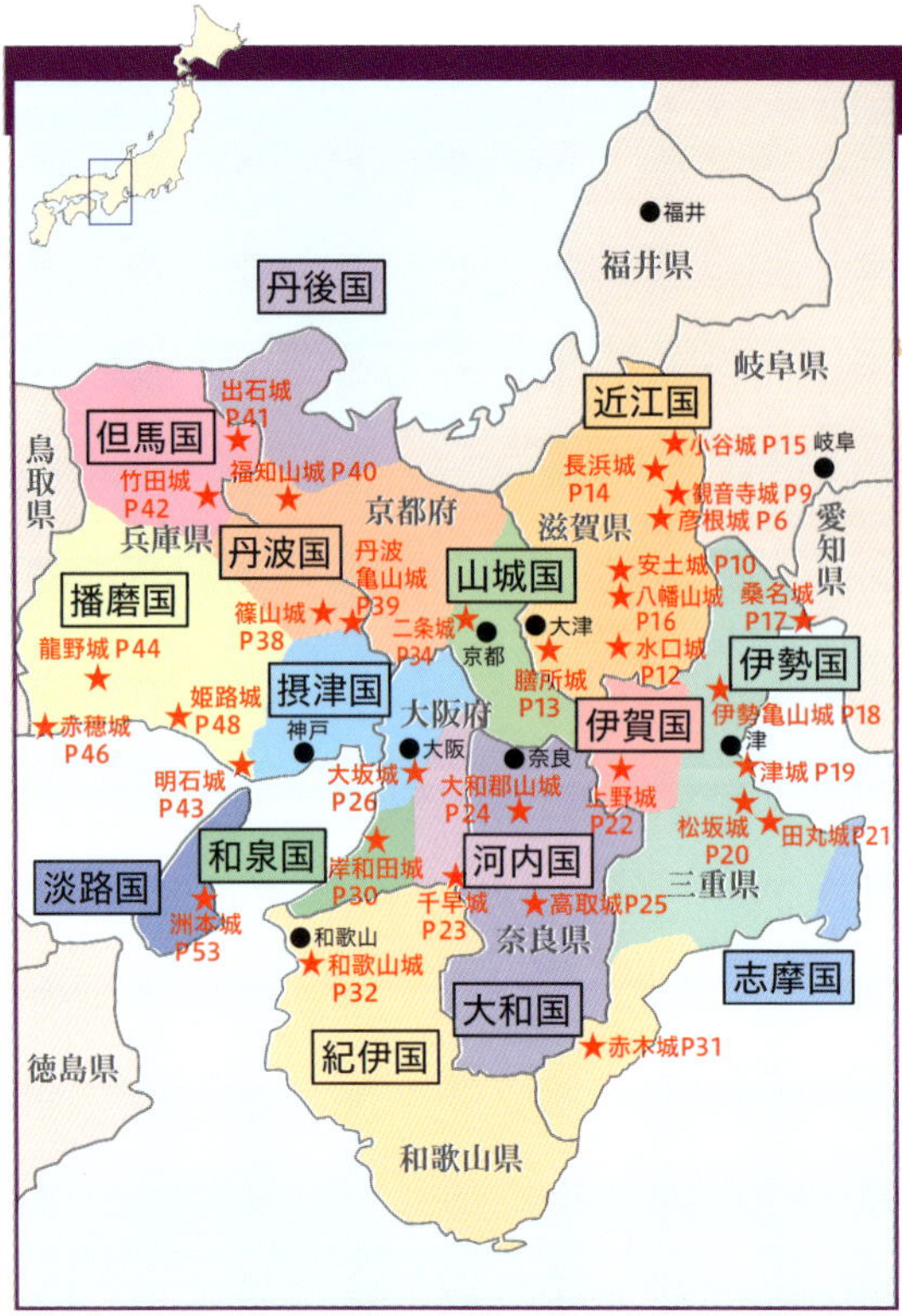

近畿の城

近江国●滋賀県
★彦根城（P6）
★観音寺城（P9）
★安土城（P10）
★水口城（P12）
★膳所城（P13）
★長浜城（P14）
★小谷城（P15）
★八幡山城（P16）

伊勢国●三重県
★桑名城（P17）
★伊勢亀山城（P18）
★津城（P19）
★松坂城（P20）
★田丸城（P21）

伊賀国●三重県
★上野城（P22）

河内国●大阪府
★千早城（P23）

大和国●奈良県
★大和郡山城（P24）
★高取城（P25）

摂津国●大阪府
★大坂城（P26）

和泉国●大阪府
★岸和田城（P30）

紀伊国●和歌山県
★赤木城（P31）
★和歌山城（P32）

山城国●京都府
★二条城（P34）

丹波国●兵庫県
★篠山城（P38）

丹波国●京都府
★丹波亀山城（P39）
★福知山城（P40）

但馬国●兵庫県
★出石城（P41）
★竹田城（P42）

播磨国●兵庫県
★明石城（P43）
★龍野城（P44）
★赤穂城（P46）
★姫路城（P48）

淡路国●兵庫県
★洲本城（P53）

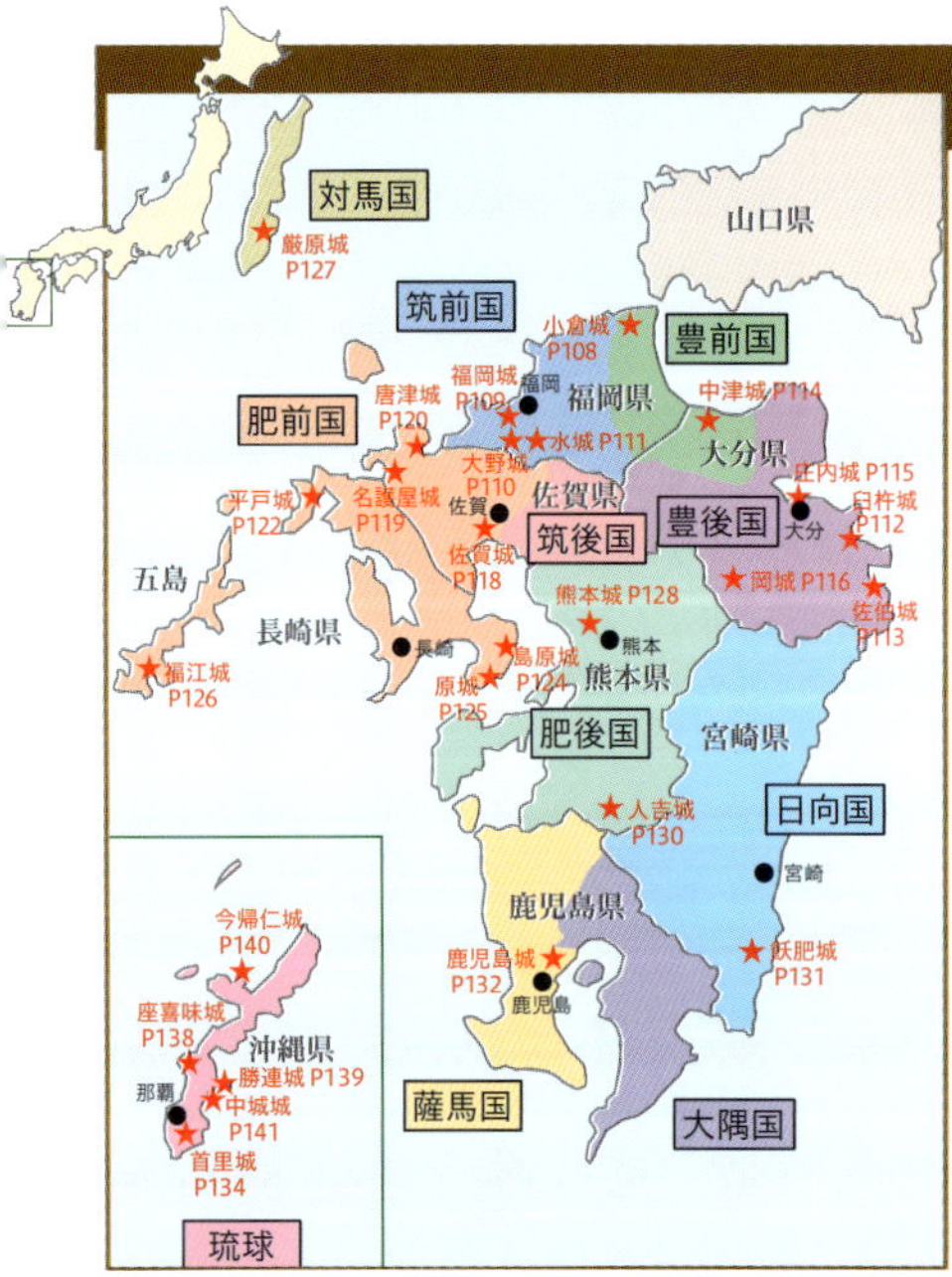

九州・沖縄の城

豊前国●福岡県
★小倉城（P108）

筑前国●福岡県
★福岡城（P109）
★大野城（P110）
★水城（P111）

豊後国●大分県
★臼杵城（P112）
★佐伯城（P113）
★府内城（P115）
★岡城（P116）

豊前国●大分県
★中津城（P114）

肥前国●佐賀県
★佐賀城（P118）
★名護屋城（P119）
★唐津城（P120）

肥前国●長崎県
★平戸城（P122）
★島原城（P124）
★原城（P125）
★福江城（P126）

対馬国●長崎県
★厳原城（P127）

肥後国●熊本県
★熊本城（P128）
★人吉城（P130）

日向国●宮崎県
★飫肥城（P131）

薩摩国●鹿児島県
★鹿児島城（P132）

琉球●沖縄県
★首里城（P134）
★座喜味城（P138）
★勝連城（P139）
★今帰仁城（P140）
★中城（P141）

北陸の城

加賀国●石川県
★金沢城（P54）
★鳥越城（P59）

能登国●石川県
★七尾城（P58）

越前国●福井県
★丸岡城（P60）
★朝倉館（P62）
★福井城（P64）
★越前大野城（P65）

中国の城

備前国●岡山県
★岡山城（P66）

備中国●岡山県
★備中松山城（P68）

美作国●岡山県
★津山城（P70）
★勝山城（P71）

因幡国●鳥取県
★鳥取城（P72）

伯耆国●鳥取県
★米子城（P73）

出雲国●島根県
★松江城（P74）
★月山富田城（P77）

石見国●島根県
★津和野城（P79）

安芸国●広島県
★三原城（P80）
★広島城（P82）
★吉田郡山城（P84）

備後国●広島県
★福山城（P81）

周防国●山口県
★岩国城（P85）

長門国●山口県
★萩城（P86）

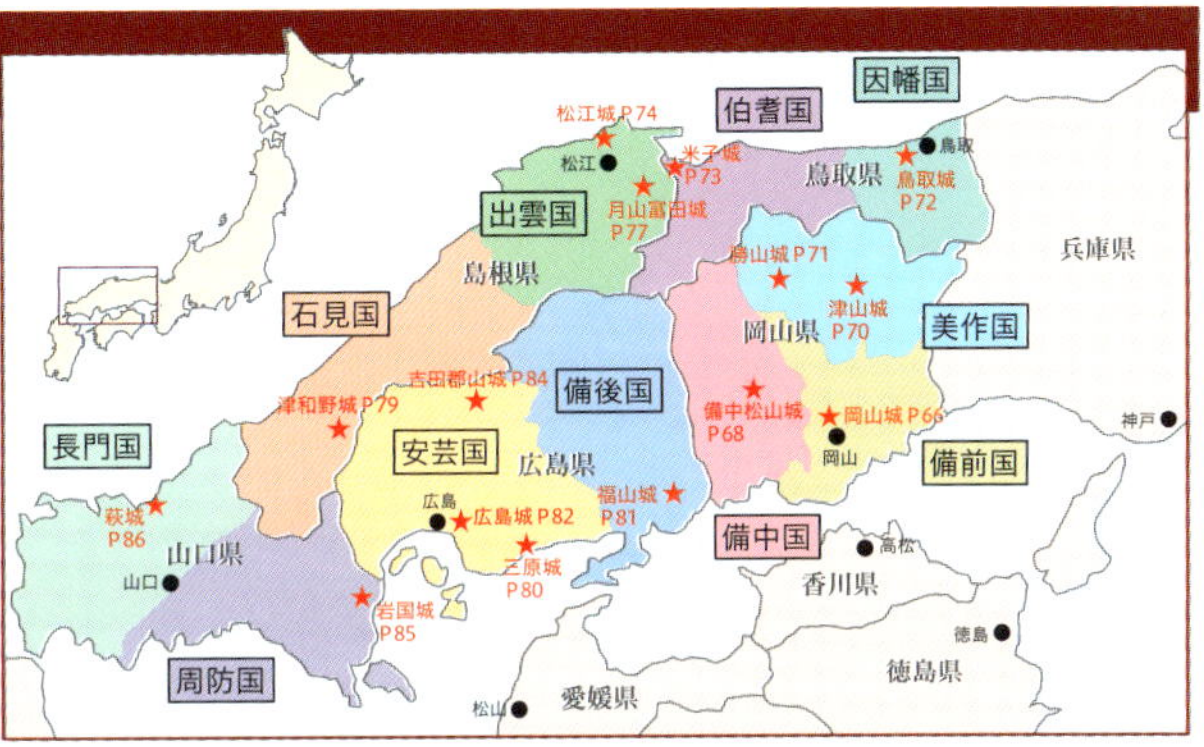

四国の城

伊予国●愛媛県
★松山城（P88）
★河後森城（P91）
★宇和島城（P92）
★湯築城（P94）
★今治城（P95）
★大洲城（P96）

阿波国●徳島県
★徳島城（P98）

土佐国●高知県
★中村城（P99）
★高知城（P100）
★岡豊城（P103）

讃岐国●香川県
★高松城（P104）
★丸亀城（P106）

国宝の天守閣は3層3階。築城にあたって大津浄の天守を移築、改修した

滋賀県（近江国）

彦根城《ひこねじょう》

【日本100名城／滋賀県彦根市】

歴代城主

◆慶長6年（1601）～
井伊氏16代（うち2名が再承しているため、実質的には14代）
18万石

DATA

●彦根城
営 8:30～17:00
休 無休
料 800円
交 東海道本線彦根駅から徒歩20分
P あり
☎ 0749-22-2742

●彦根城博物館
営 8:30～16:30
休 12月25日～31日休
料 500円
☎ 0479-22-6100

【佐和山城から彦根城へ】

彦根城は江戸時代に入ってから工事が始まった城だ。築城の開始は慶長８年（１６０３）。それから20年の歳月を費やして、元和８年（１６２２）にようやく完成した。

彦根藩の初代藩主は井伊《いい》直政《なおまさ》。直政は高崎を居城としていたが、慶長５年（１６００）、関ケ原の合戦で武功をあげ、徳川家康から石田三成の居城・佐和山城を与えられる。佐和山城は東山道と北国街道の分岐近くの交通の要衝にあり、戦略上重要であった。だが、標高２３２ｍの佐和山上に建つ山城で日常の政務には適さないばかりか、山麓に城下町を建設することも難しい。そこで佐和山に近い礒山《いそやま》山上に新しい城を建てることにした。これが彦根城のはじまりだ。

【天下普請の城】

この時代、まだ大坂には豊臣氏がいる。西国には豊臣家恩顧の大名も少なくない。それらに対する抑えの意味で、徳川幕府にとって彦根は重要な場所である。そのため、彦根城の築城は徳川のお声がかりで近畿７大名によって行なわれた。いわゆる天下普請である。徳川家の城ではなく一大名家の城への天下普請は珍しい。

【他の城から流用して築城】

彦根城はゼロからの築城ではなく、廃城になった他の城郭から移築して造られた。石垣は佐和山城をはじめ、安土城、長浜城、近江八幡城などの石材を利用した。石垣だけでなく城の建物も他の城からの移築で、佐和口多門櫓は佐和山城から、西ノ丸三重櫓は小谷城から、それぞれ移築して建てられた。天秤《てんびん》櫓はかつて長浜城にあったもの。そして城郭のシンボルである天守閣でさえ、オリジナルではなく大津城からの移築である。

こうして彦根城は近江の各地にあった他の城郭を取り壊して建てられた。これは各地の城主に代わって彦根の城主が近江の支配者になることを象徴する。しかも工事は徳川幕府の命令による天下普請だから、新しい支配者の存在はより強調される。そうして完成した彦根城に、井伊直孝《なおたか》が城主として入った。

直孝は大坂の陣の功績を認められるなどで加増され、彦根藩は、当初の18万石の2倍近い35万石の大名となった。

【佐和口多門櫓】

天下普請の城郭として築かれた彦根城には見るべき建築物や遺構が多い。二の丸佐和口多門櫓は城の東側、佐和口門で枡形を造る門の南側の二重櫓が石田三成

天秤櫓。長浜城大手門を移築したといわれる。国指定重要文化財

廊下橋と天秤櫓

全国で唯一現存する城郭内の厩

大手口となる東側から望む。堀に面した沢口多聞櫓、左奥に太鼓門櫓、中央奥に天守

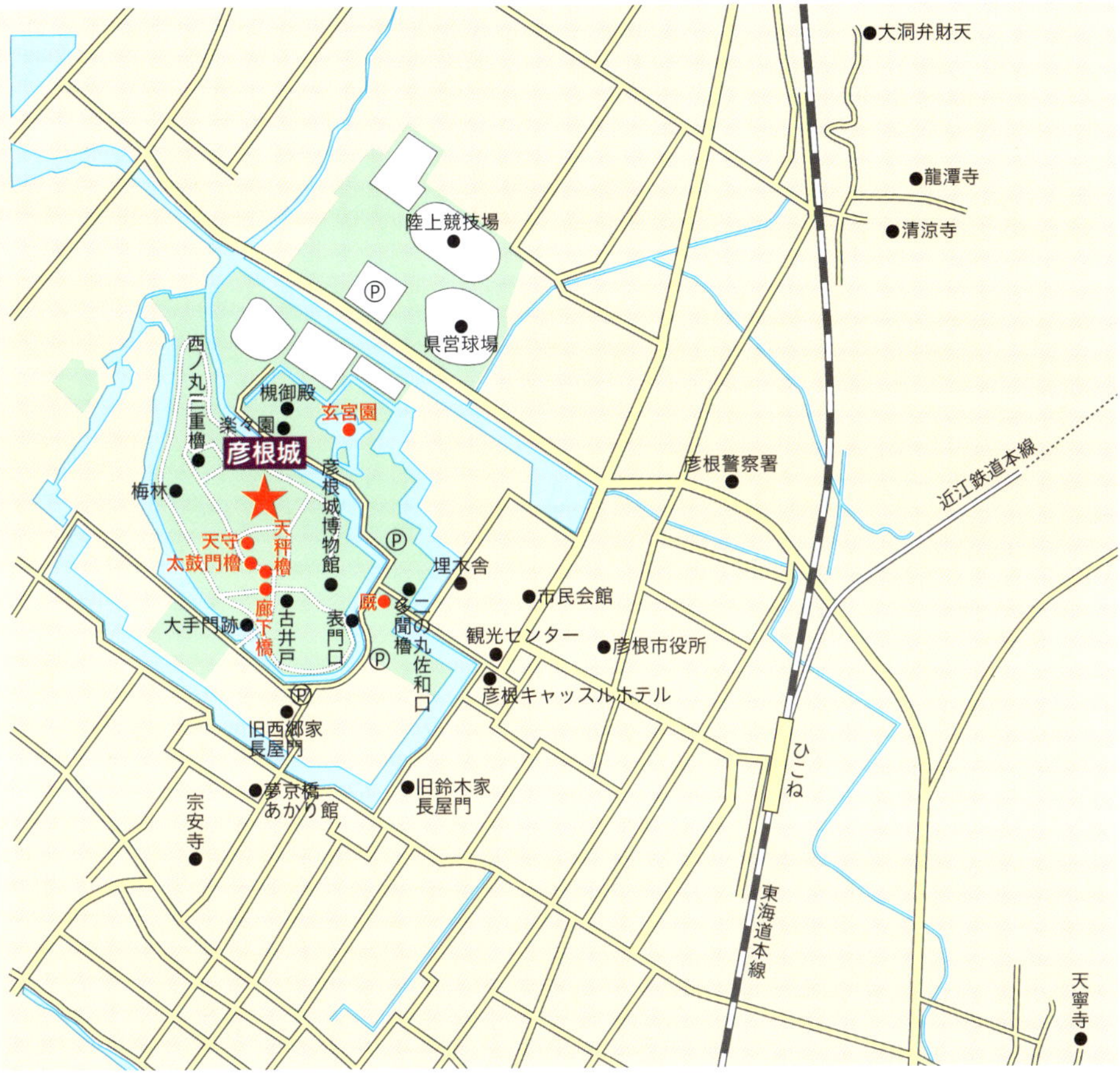

の佐和山城から移築したもの。北側の櫓は昭和35年（１９６０）の再建。

【天秤櫓と太鼓門櫓】

廊下橋から続く門を中心に左右に多門がある。その両端に二重隅櫓があるため、天秤になぞらえて名づけられたのが天秤櫓だ。重要文化財に指定されている。櫓下の石垣は、向かって右が初期の牛蒡積み、左は切り石を積んで割り面を整えた切込はぎになっている。これは江戸時代中期に左側の部分が修復されたため。

敵が城内へ侵入した場合、大手門や表御殿から登ってくると天秤櫓下の空堀の底に出るため、櫓の上から迎撃できる。さらに廊下橋を落としてしまえば天秤櫓への侵入は困難になる、という二段構えの防備になっている。

そして、本丸への入口となる渡櫓形式の門と続櫓が重要文化財の太鼓門櫓だ。続櫓上には、城内に時を告げる太鼓を設置していた。彦根寺という寺の楼門を移築したものと伝えられてきたが、解体修理の結果、別の城の城門を移築したものという可能性が指摘されている。

【日本の城で唯一の厩】

浅井家の本城小谷城から移築したとされるのが西ノ丸三重櫓だ。L字型の多門の隅櫓として建つが、内部見学はできない。このほか、厩《うまや》も重要文化財に指定されている。下見板張りの簡素な建物で、物見窓がある番所を併設した長屋門形式。城郭内に残る江戸時代の厩としては日本で唯一現存する。

【天守は国宝に指定】

慶長8年（１６０３）から20年の歳月をかけて建てられた3層3階の国宝天守。切妻破風や入母屋破風、軒唐破風など多様な飾り屋根を持つ。窓は初層が突き上げ戸を持つ無骨な武者窓、2層と3層が優美な印象の花頭窓。3層には高欄もめぐらされている。

この天守は大津城天守を移築したものだが、本来の大津城天守は4層の外観。これを移築した際に3層に変更した。このため、各層には通し柱はなく、柱の位置が各階ごとに異なっている。1階の柱は内側に傾く「転び」がある。

【二の丸御殿に残る建物や庭園】

楽々園は二の丸御殿で、藩主の下屋敷だったところ。現在は規御殿、地震の間などが残されているが、往時はこの10倍くらいの規模を誇る広大な建物だった。中には入ることはできないが、庭先から室内を見ることができる。

彦根城の二の丸御殿の庭園が玄宮園。延宝8年（１６８０）、第4代藩主・井伊直興の時代に築庭された。中心の池を琵琶湖に見立てて、近江八景の縮景を池畔に配した。近江八景が中国湖南省の瀟湘八景にちなんだものであることから、中国の玄宗皇帝の離宮の意味で玄宮園と名がつけられた。

小谷城から移築されたという西の丸三重櫓

玄宮庵は天守を借景にした庭園

池田丸付近の石垣

滋賀県（近江国）

観音寺城《かんのんじじょう》

【滋賀県近江八幡市／日本100名城】

歴代城主

中世城郭、佐々木六角氏居城

DATA

交 JR琵琶湖線・安土駅から徒歩約40分で観音正寺（登山口）。登山口から徒歩約30分で本丸跡
P あり（無料）
☎ 0748-46-4234（安土駅観光案内所）※見学自由

【戦国大名佐々木六角《ろっかく》氏の居城】

近江源氏の嫡流で南近江守護の佐々木六角氏の居城。琵琶湖の東岸、安土山の南方、湖東で一番高い標高433mの繖《きぬがさ》山《やま》にある山城。

最盛期には、山頂を本丸とし、山の要所に郭や砦を構え、近くの峰々にも支城を配置するという、規模の大きい山城となっていた。日本五大山城のひとつに数えられている。

城の名称は、繖山にもともとあった観音正寺に由来する。築城時期は定かではないが、建武2年（1335）に佐々木氏頼《うじより》が北畠顕家《きたばたけあきいえ》の軍を迎え撃つために整備したと『太平記』にある。

【織田信長に攻められ落城】

佐々木六角氏は、応仁の乱の際には山名宗全率いる西軍に属し、同族で北近江を支配する京極氏と対立して、観音寺城に籠城した。

その後の文明の乱でも観音寺城は攻められたが撃退に成功している。

佐々木六角氏は室町幕府が弱体化すると勢力を伸ばし、城の改修を行なっている。しかし永禄11年（1568）、織田信長が上洛する際の協力を拒絶したため織田軍に攻められ、義賢《よしかた》・義治《よしはる》父子は城を捨てて逃げ出し落城。その後、同城は棄却され廃城になった。

桑実寺の本堂。室町幕府12代将軍足利義春が一時的に仮幕府を置いた場所でもある

【往時の石垣などを残す】

観音寺城への登城ルートの基点は、繖山中腹の観音正寺と桑実寺《くわのみでら》の2ケ所。

観音寺城は主要部分に石垣が使用されている。本丸、平井丸、池田丸などの郭はすべて石垣が現存する。本丸には石垣による食い違い虎口もある。また、石枠《いしわく》を伴った池の跡も見られる。

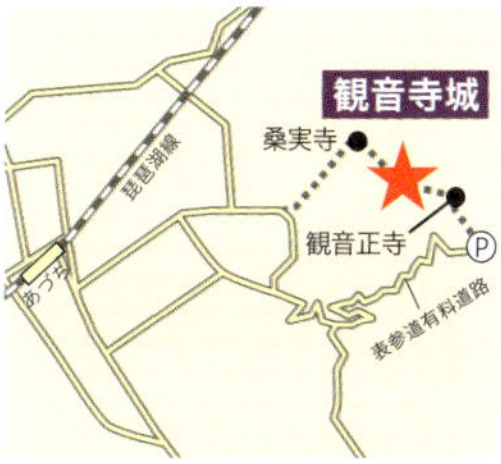

虎口の石垣

安土城《あづちじょう》

【滋賀県近江八幡市／日本100名城】

広い石段で直線的に登っていく大手石段

歴代城主

◆中世城郭、織田信長居城

DATA

営9:00〜16:00
休無休
料700円
交東海道本線安土駅から徒歩30分
Pあり
☎0748-46-4234（安土駅観光案内所）

【織田信長の夢の拠点】

安土城は織田信長が「天下布武《てんかふぶ》」を実現する拠点として建てた城だ。

安土は琵琶湖の東岸に位置し、琵琶湖沿いに北へ上れば東山道（後の中山道）や北国街道、南に向かえば東海道へ通じ、また、鈴鹿の山並みを越えれば尾張へも近い。京にも近く、陸路でも馬を飛ばせば半日の距離。まさに天下をにらむのにうってつけの場所だった。

【天下布武へ向けて進む信長】

安土城はそれまでの城郭の常識を覆す画期的な城でもあった。壮大にして華麗。延々と続く石垣。そして、その存在を誇示してそびえる天主。

天主（安土城では天守とせず天主と書く）の完成は天正7年（１５７９）5月。5層7階の壮麗な建物は当時としては非常に珍しく、周囲のどの場所からも見える目立つ存在だったはず。

しかし、天正10年（１５８２）6月2日、本能寺の変に信長は倒れ、そして信長亡き後の6月15日、安土城天主は炎上。信長の夢は幻となって消えた。

【大手口と石段】

平成14年（２００２）の発掘調査の後、石畳と石垣が復元された。西側は枡形虎口、東側は直接大手口に入れる平入虎口、東側の石垣は巨大な石を等間隔に配置した独特の配列で、実用より装飾性を重視した「模様積み」と呼ばれる。

大手口から正面に大手石段がまっすぐ伸びている。石段の幅は左右5間（約９m）で、両側に幅4尺（約１・２m）の側溝があり、その外側に石垣がそびえる。石段は直線的に約１８０m続き、その先に天主がそびえるという配置であった。

摠見寺三重塔は石部（湖南市）の長寿寺から移築したもの

【羽柴秀吉と前田利家の屋敷跡】

石段の左右には信長の重臣の屋敷が配されていた。貞享4年（１６８７）の「安

摠見寺の二王門。門内の金剛力士像は応仁元年（1467）の作

天主跡の礎石。配置を注意深く見ると八角形であることがわかる

巨石を等間隔で配した大手口の模様積み石垣

土古城図」によれば、大手口を登ると向かって左が伝羽柴秀吉屋敷跡、右手前に伝前田利家屋敷跡、その奥に伝徳川家康屋敷跡。発掘調査により屋敷跡には隅櫓や多聞櫓、厩などの存在が判明している。

【天主跡・摠見寺《そうけんじ》跡・三重塔】

天主跡には石垣のみが残る。天主は諸説があるが、一般の天守閣とは異なり、信長と家族の居宅であり、接客用のスペースでもあったとされる。

信長はヨーロッパの城郭を意識して城内に寺院を設けた。摠見寺は天主西の山上に築かれ、能舞台などもあったらしい。

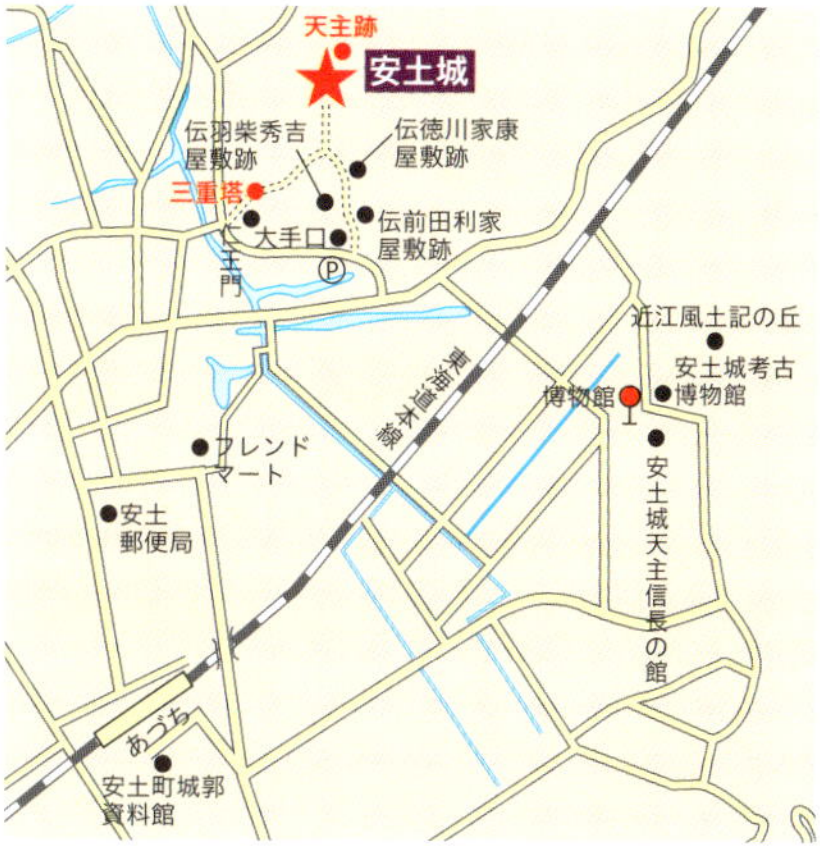

大手口付近の伝羽柴秀吉邸の石垣

現在は本堂跡の礎石や、元亀2年（1571）建立の二王門（重要文化財）、享徳3年（1454）建立の三重塔（重要文化財）などが見られる。いずれも安土城の建設より古い。なお、摠見寺本堂は土・日・祝を中心に不定期公開。

【安土城をより詳しく知る】

周辺には資料館や博物館が点在。模型や復元映像などで安土城の姿に迫る「安土城考古博物館」、安土城天主の5階・6階部分を実物大で推定復元で展示する「安土城天主信長の館」、そして安土駅近くに「安土城城郭資料館」がある。

水口城《みなくちじょう》

【滋賀県甲賀市】

復元された大手高麗門と木橋

歴代城主

◆天和2年（1682）～
加藤氏2万石
◆元禄8年（1695）～
鳥居氏2万石
◆正徳2年（1712）～
加藤氏2万5000石

DATA

●水口城跡
交 近江鉄道水口城南駅から徒歩5分
P ありり
☎ 0748-60-2690（甲賀市観光協会）

●水口城資料館
営 10:00～17:00
休 木曜・金曜休、12月29日～1月3日休
料 100円
☎ 0748-63-5577

【茶人小堀遠州《こぼりえんしゅう》が築城】

滋賀県甲賀市水口町は、室町時代からお伊勢参りの宿村として栄えたところ。この地に城が築かれたのは天正13年（1585）。羽柴（後の豊臣）秀吉が家臣の中村一氏《かずうじ》に命じて大岡山（古城山）に築城させた。この城は、今日「水口岡山城」と呼ばれているもので、関ケ原の合戦で落城の後に、廃城となった。

江戸時代の水口は徳川氏の直轄地になり、慶長6年（1601）に東海道の宿場に定められた。徳川家康も訪れたが、寺院などに宿泊していたともいう。そして、寛永11年（1634）の徳川3代将軍家光の上洛に際し、将軍滞在用の城として築かれたのが水口城である。

築城にあたったのは作庭の名人にして遠州流茶道の祖小堀遠州。幕府の作事奉行の任にあった遠州は、延べ10万人の大工を動員して1年余りで水口城を完成させた。石垣などは水口岡山城の石材などを運んで流用したという。本丸と二の丸の2郭からなる簡素な造りとはいえ、将軍の御座所である本丸御殿は京都の二条城の小型版と称される豪華なものだった。

【二の丸御殿が藩政の中心】

天和2年（1682）、石見国（現在の島根県西部）から加藤明友《あきとも》が入封。水口藩が成立し、以後水口城は藩主の居城となった。ちなみに加藤明友の祖父は、豊臣秀吉の家臣で「賤《しず》ケ岳七本槍」の一人に数えられた猛将、加藤嘉明《よしあき》である。

明友は二の丸御殿を藩政の拠点とした。将軍家の宿泊所（本丸御殿）を使うわけにもいかなかったのだろう。

水口城は「碧水城《へきすいじょう》」と呼ばれる。21世紀の今も青い水をたたえた堀は健在。本丸跡は高校のグラウンドとして利用され、遺構として石垣が残る。一角には往時の櫓を模した水口城資料館がある。

堀と石垣

膳所城《ぜぜじょう》

【滋賀県大津市】

膳所神社表門はかつて膳所城本丸表門だった

歴代城主

- ◆慶長7年（1602）～ 戸田氏3万石
- ◆元和3年（1617）～ 本多氏3万石
- ◆元和7年（1621）～ 菅沼氏3万1000石
- ◆寛永11年（1634）～ 石川氏7万石
- ◆慶安4年（1651）～ 本多氏7万石

DATA

●膳所城跡公園
交 京阪電鉄石山坂本線膳所本町駅から徒歩7分
P あり
☎ 077-528-2772（びわ湖大津観光協会） ※見学自由

【交通の要衝、琵琶湖に面した水城】

天下分け目の関ケ原の戦いで勝利した徳川家康。支配強化のために全国の大名に命じ、重要な地に築城工事や作業にあたらせた。これが天下普請《ふしん》である。その天下普請第一号となった城がこの膳所城。慶長6年（1601）、築城の名手といわれた藤堂高虎《とうどうたかとら》による縄張りで築かれた。

琵琶湖南部に完成した膳所城は、湖中に石垣を築いて本丸をせり出させ、廊下《ろうか》橋《ばし》で二の丸を結んだ水城だった。城のある一帯は東海道や中山道といった幹線道路が交差し、物資と人が行き交う要衝の地。加えて、京都や、豊臣秀頼を擁する大坂城を控えていたとあって、膳所城は重要な防衛拠点としての役割を担った。

慶長7年（1602）、譜代大名の戸田一西が大津藩主から初代膳所藩主となったのを皮切りに、以後、譜代の大名が歴代の城主をつとめた。

本丸二重櫓は移築、改築され芭蕉会館となっている

【膳所城跡公園】

膳所城の本丸には4層4階の天守が配置され、湖面に映る天守や白壁・塀・櫓などの美しさはおおいに評判をとったという。そうした膳所城ではあったが、明治3年（1870）に廃城となった。

現在、城跡は膳所城跡公園となっている。入口に城門と堀などが再建され、天守跡には膳所城址の石碑がたち、石垣は北側にわずかに残るのみ。遺構はほとんど残されていないが、琵琶湖の風景を楽しめる憩いの場として親しまれている。

膳所城の建造物は廃城によって取り壊されたが、いくつかの建造物は周辺の神社などに移築された。城門は大津市内の膳所神社、篠津《しのづ》神社などにそれぞれ移築されている。また、近くの茶臼山公園にある芭蕉会館は、本丸二重櫓を移築して改築したもの。入口周辺は原型をとどめていないが、建物の裏へ回ると櫓だった雰囲気が見てとれる。

長浜城《ながはまじょう》

【滋賀県長浜市】

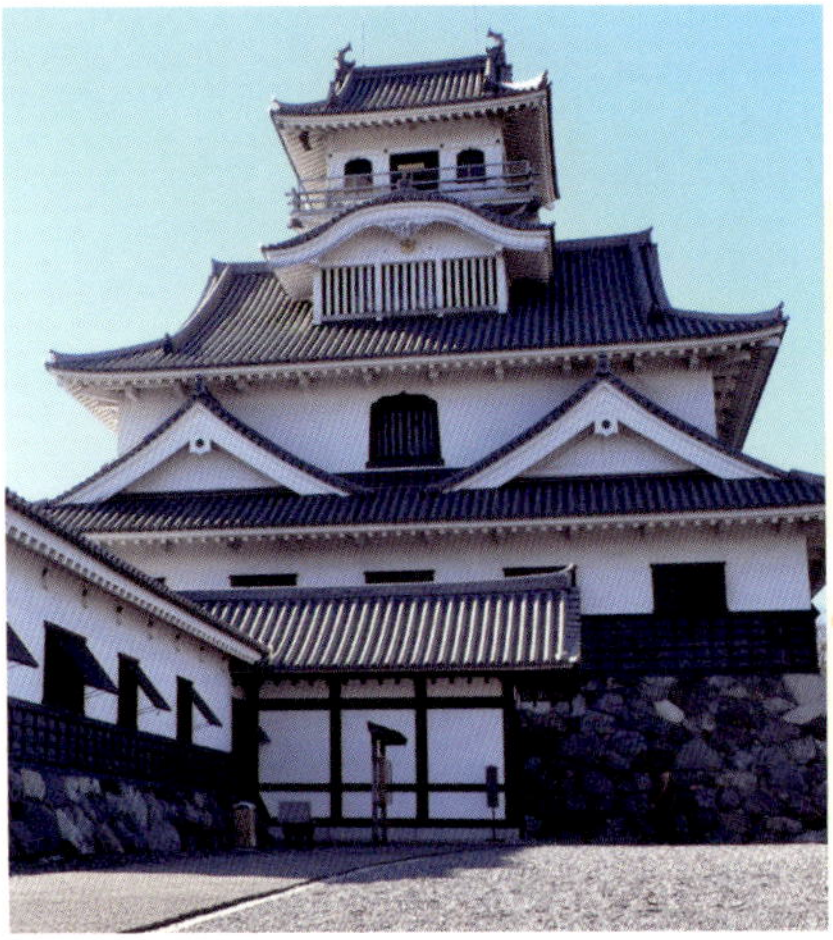
再建天守は長浜城歴史博物館になっている

歴代城主

中世城郭、
羽柴秀吉、柴田勝豊、山内一豊居城

◆慶長11年（1606）～
内藤氏4万石

◆元和元年（1615）
廃城

DATA

●豊公園
交 JR北陸本線長浜駅から徒歩5分
P あり（3時間無料）
☎ 0749-62-1111（長浜市観光振興課）※見学自由。

●長浜城歴史博物館（天守閣）
営 9:00～16:30（入館）
休 12月27日～1月2日（他臨時休館あり）
料 400円
☎ 0749-63-4611

【湖北の要の地】

琵琶湖の北の湖岸を望む長浜。北陸と京都を結ぶ北国街道に位置し、人々の往来も多く、水陸の要衝としてにぎわいをみせた。北近江に勢力を誇った浅井《あざい》氏はこの要衝の地に小谷城を築き居城とした。

【秀吉が初めて築いた城】

天正元年（1573）、浅井久松・長政父子が織田信長に敗れた後、湖北を与えられた羽柴秀吉（のちの豊臣秀吉）は、浅井氏の居城の小谷城を破却し、天正3年（1575）に、今浜と呼ばれていた琵琶湖畔を長浜と改め、新たに長浜城を築いた。秀吉は以後7年間、長浜城を居城とした。

【江戸時代初期に廃城】

天正10年（1582）の本能寺の変の後、湖北は柴田勝家の領地となり、長浜城には甥の柴田勝豊が入城した。天正11年（1583）の賤《しず》ヶ岳の合戦で柴田勝家が敗れた後、山内一豊《やまうちかつとよ》が長浜城主となったが、その5年後に掛川城（静岡県）へ転封。江戸時代に入り、徳川家康の異母弟の内藤信成が長浜城主になって、次代は息子信正へと受け継がれたが、元和元年（1615）の一国一城令により廃城となり、長浜は彦根藩領となった。

櫓台の石垣が残る

【再建された天守閣】

城内の建物と石垣の大部分は彦根城建築の際に再利用されたが、城門には長浜城下の寺社に移築されたものがある。

現在、長浜城跡一帯は豊公園《ほうこうえん》として整備され、憩いの場になっているが、天守台などにわずかに残る石垣がこの地に城があったことを物語っている。城跡に建つ3重5階の天守は、昭和58年（1983）の再建で、天守内は長浜城歴史博物館となっている。琵琶湖の湖岸に太閤井戸の碑が立っているが、ここは長浜城内に設けられていた井戸の跡で、琵琶湖の渇水時に井戸跡に近づくことができる。

山王丸の大石垣

滋賀県（近江国）

小谷城《おだにじょう》

【滋賀県長浜市／日本100名城】

歴代城主

中世城郭、浅井氏居城

DATA

JR北陸本線・河毛駅から徒歩40分で小谷城戦国歴史資料館。本丸まではさらに徒歩約40分

Pあり（無料）

※見学自由

0749-78-2320（小谷城戦国歴史資料館）

【戦国時代屈指の山城】

長浜市の小谷山《おだにやま》（495・1m）にあり、浅井氏が3代にわたって居城とした戦国時代屈指の山城。自然の地形を利用して、尾根に沿っていくつもの郭が配置されていた。

築城は大永4年（1524）ごろ。小谷城（滋賀県）、観音寺城（同）、七尾城（石川県）、月山富田城（島根県）、春日山城（新潟県）とともに、中世五大山城のひとつに数えられる。城跡からは琵琶湖や湖北を一望できる。

【織田信長に攻められ落城・廃城に】

小谷城は、湖北の戦国大名・浅井長政と、織田信長の妹で戦国一の美女といわれたお市の方、その間に生まれた3人の娘・浅井三姉妹（茶《ちゃ》々、初《はつ》、江《ごう》）ゆかりの城でもある。

本丸の石垣

信長によって攻め滅ぼされた後、羽柴秀吉に与えられたが、秀吉は今浜（長浜）に新たな城（長浜城）を築いたために、廃城となった。

丸から京極丸へ。小規模な郭が連続する

城郭の最高所は山王丸で、大規模な石垣が残る。また、本丸、大広間跡などから建物の礎石が出土している。最頂部（495m）の大獄にも土塁が残っている。

山麓の清水谷には、浅井氏と家臣たちの館跡がある。昭和12年（1937）、国の史跡に指定された。

【小谷城戦国歴史資料館】

小谷城跡内の「戦国大名浅井氏と小谷城」をテーマにした資料館。浅井長政やお市の方、織田信長の画像（複製）や小谷城跡絵図、小谷城から出土した遺物など浅井氏と小谷城の資料を展示する。9時～17時、火曜および12月28日～1月4日休、入館料300円。

本丸の石垣

滋賀県（近江国）

八幡山城《はちまんやまじょう》

【滋賀県近江八幡市／続日本100名城】

歴代城主

◆天正13年（1585）〜
豊臣秀次20万石

◆天正18年（1590）〜
京極高次2万8000石

DATA

交 JR琵琶湖線・近江八幡駅からバス長命寺線7分大杉町下車、徒歩5分でロープウェイ乗り場。山上までロープウェイ5分。ロープウェイは9〜17時、無休
P あり（無料）
☎ 0748-33-6061（近江八幡駅北口観光案内所）※見学自由。

【中世山城の形をとる最後の城】

湖東地方の中心都市となる近江《おうみ》八幡《はちまん》。その市街地を見下ろして、標高273mの八幡山（鶴翼山《かくよくさん》）がそびえ、その山上に築城されたのが八幡山城である。

山上に本丸、二の丸、北の丸、出丸などを設け、山麓には城主豊臣秀次《ひでつぐ》の居館や重臣達の屋敷が配されている。中世城郭の山城の形を取る最後の城として歴史的価値が高いとされる。

【豊臣秀吉の甥・秀次の城】

築城は安土城焼失から3年後の天正13年（1585）。豊臣秀吉が甥の秀次に近江43万石（うち23万石は家老などの分）を与え、新たな拠点とさせたものだ。

当時八幡山の後背部は、琵琶湖との間に低湿地や湖沼があった。この地勢は安土城に酷似しており、安土城に替わる近江国の国城を意識して建てられたといえるだろう。築城にあたっては秀吉自らが普請の指揮を執ったとの説があるのもうなずける。

城下町の八幡堀

本丸の虎口。現在は瑞龍寺の山門

【近江八幡の城下も築城とともに】

近江八幡の城下町は、安土城下の住民などを移住させて作ったのが始まり。八幡堀などはこのときに整備された。

築城から5年後の天正18年（1590）、秀次は清州へ移封。その後の文禄4年（1595）、秀次が自刃したことが契機となり、八幡山城は廃城となった。

昭和38年（1963）、八幡山上に京都の村雲御所瑞龍寺が移築されている。この瑞龍寺の山門のある場所がかつての本丸虎口である。本丸と西の丸に接する西北隅に、天守台があった。二の丸跡に八幡山ロープウェーの八幡城址駅があり、展望館も設置されている。

三重県（伊勢国）

桑名城《くわなじょう》

【三重県桑名市】

かつての蟠龍櫓を模した施設。内部で資料を展示

歴代城主

◆慶長6年（1601）～
本多氏10万石
◆元和3年（1617）～
松平（久松）氏11万石
◆寛永12年（1635）～
松平（久松）氏11万石
◆宝永7年（1710）～
松平（奥平）氏10万石
◆文政6年（1823）～
松平（久松）氏11万石

DATA

●九華公園（桑名城跡）
交 JR関西本線・近鉄名古屋線
桑名駅から徒歩25分
P あり
☎ 0594-24-1231（桑名市観光文化課）※見学自由

【湊町に築かれた城】

木曽川、長良川、揖斐《いび》川の河口にある港として交通の要衝であった桑名には、鎌倉時代初期には城が築かれていたという。本格的な築城は、本多忠勝が10万石の大名となってからで、城郭の完成は慶長6年（1601）以降。忠勝は城の拡張に乗り出し、本丸、二の丸、三の丸、朝日丸などを整備した。

【別名は扇城】

本多氏の姫路移転後、徳川家康異母弟の松平（久松）定勝が城主となり、大増改築を行なった。完成した桑名城は、天守を中心に50もの櫓が伊勢湾沿いに扇状に広がって建ち並ぶ、大規模な城となった。天守は元禄14年（1701）の大火で焼失し、再建されなかった。

二の丸堀

【戊辰戦争で灰燼に帰す】

幕末の動乱期、城主の松平（久松）定《さだ》敬《ちか》は京都守護職の会津藩主松平容保《かたもり》の弟で、京都所司代をつとめた。このため、戊辰戦争では、桑名藩は旧幕府側として官軍と戦ったが、その戦いで本丸の櫓を焼失した。そして明治8年（1875）には、旧桑名城の土地建物は払い下げとなり、堀の石垣は四日市港の築港のために運び出された。現在、本丸跡と二の丸跡が九華《きゅうか》公園となっている。

三の丸堀の揖斐川に面した川口樋門から南大手橋までの全長約500mにわたって、創建当時の石垣が残っている。

揖斐川に面して建つ櫓は、江戸時代の絵図を参考にし、蟠龍櫓《ばんりゅうやぐら》を模して建てられた水門総合管理所である。

三の丸跡にたつ本多忠勝像

伊勢亀山城《いせかめやまじょう》

【三重県伊勢市】

多門櫓は三重県で唯一の江戸時代の城郭建造物

歴代城主

- 慶長6年（1601）～ 関氏3万石
- 慶長15年（1610）～ 松平氏（奥平）5万石
- 元和5年（1619）～ 三宅氏1万石
- 寛永13年（1632）～ 本多氏5万石
- 慶安4年（1651）～ 石川氏5万石
- 寛文9年（1669）～ 板倉氏5万石
- 宝永7年（1710）～ 松平氏（大給）6万石
- 享保2年（1717）～ 板倉氏5万石
- 延享元年（1744）～ 石川氏6万石

DATA

●伊勢亀山城多門櫓
交 ＪＲ関西本線亀山駅から徒歩15分
P あり
☎ 0595-96-1215（亀山市市民文化部関支所観光振興室）
※見学自由、外観のみ

【要所に築かれた城】

亀山は東海道53次の宿駅のひとつ。浮世絵師歌川広重は『東海道五十三次　亀山』で雪景色を描いた。そのなかで丘陵地に描かれている城が伊勢亀山城だ。

築城は、天正18年（1590）。もともと亀山には中世からこの地を治めていた関氏の居城（亀山古城）があったが、豊臣秀吉の治世になり、関氏は秀吉家臣の蒲生氏郷《がもううじさと》に従って奥州に移ったため、後任の岡本宗《おかもとむね》憲《のり》が亀山古城の南東、鈴鹿川北岸の台地に新たに城を築いた。江戸時代は伊勢亀山藩の藩主の居城となった。

伊勢亀山城は幕府の休憩施設でもあり、上洛する徳川家康、秀忠、家光がしばしば立ち寄り、本丸を休憩や宿泊に利用していたという。そのため、城主の居館は本丸ではなく、二の丸に置かれていた。

【現存する多門櫓《たもんやぐら》】

城の天守閣は、江戸時代初期に姿を消す。寛永9年（1632）、幕府が堀《ほり》尾《お》忠晴《ただきよ》に丹波亀山城（京都府亀岡市）の修築を命じたところ、忠晴は伊勢亀山城と勘違いして天守を解体してしまったという言い伝えがある。寛永13年（1636）、本多俊次《ほんだとしつぐ》が城主となり城を大修築。ただし天守は再建されなかった。現在、石垣の上に多門櫓が残されているが、18世紀後半に建て替えられた櫓で、武器庫として使われた。この多門櫓は、明治維新後に士族の授産工場に使用されたため、破壊を免れた。三重県で唯一現存する城郭建造物だ。

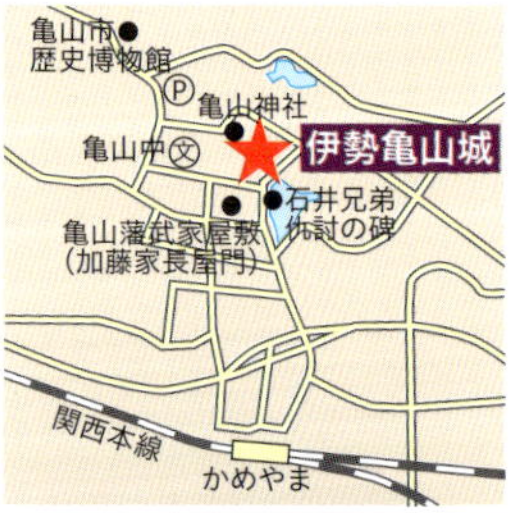

武家屋敷遺構、加藤家長屋門

昭和33年（1958）に再建された三重櫓

三重県（伊勢国）

津城《つじょう》

【三重県津市／続日本100名城】

歴代城主

◆慶長5年（1600）～
富田氏5万石

◆慶長13年（1608）～
藤堂氏22万石

DATA
●お城公園
交 近鉄名古屋線津新町駅から徒歩15分
P あり（有料）
☎ 059-246-9020（津市観光協会）※見学自由
※土・日・祝日は無料観光ガイド詰所が開設される

【築城の名手、藤堂高虎《とうどうたかとら》の城】

三重県津市の中心部に広がるお城公園。ここが津城跡である。園内に入ると、藤堂高虎の騎馬像が目に入る。高虎は、徳川将軍家居城の江戸城をはじめ、数多くの築城や修築を行なった城造りの名手。津城は高虎が手がけた城のひとつで、津藩主藤堂家代々の居城でもあった。

【高虎の大修築と城下町・津の成り立ち】

高虎の津城の城造りは、戦国の戦いで荒廃した城の修築だった。津城の築城は、元亀2年（1571）、織田信包《のぶかね》（信長の弟）による。豊臣秀吉の家臣の富田《とだ》氏が城主をつとめた後、慶長13年（1608）に藤堂高虎が伊予今治から伊勢・伊賀の国主として津城に入城した。慶長16年（1611）に大修築が行なわれ、本丸を北側に広げ、3基の三重櫓を設置。本丸、東の丸、西の丸を囲むように内堀を整備し、その外側に二の丸、外堀を配した。北を流れる安濃《あのう》川と、南の岩田川を天然の濠としたのだ。天守は築城時にはあったというが、戦国期に焼失し、再建されなかった。

高虎は城下町の造営にも着手し、城の周囲に武家屋敷、町屋、商屋などを置いた。また、お伊勢参りの人々が行き交う伊勢参宮街道を城下に引き入れ、お伊勢参りの宿場町としても栄えた。

【三重櫓は昭和の再建】

現在は本丸・西の丸・内堀の一部、石垣が残るのみだが、石垣の下の「犬走《いぬばしり》」は、高虎が用いた特徴的な技術として見逃せない。西の丸にある入徳門《じっとくもん》は10代藩主藤堂高兌が創立した藩校「有造館《ゆうぞうかん》」の講堂正門を移築したもの。昭和33年（1958）には、三重櫓が再建された。

津城跡のお城公園には、藤堂高虎の騎馬像が立っている

内堀の石垣。水際にごく細い通路があり、これが「犬走」である

三重県（伊勢国）

松坂城《まつさかじょう》

【三重県松阪市／日本100名城】

本丸への石段と石垣

歴代城主

◆慶長5年（1600）～
古田氏3万5000石

◆元和5年（1619）～
徳川氏（御三家）
和歌山藩支城

DATA

●松坂公園
交 JR紀勢本線松阪駅、近鉄山田線近鉄松阪駅から徒歩20分
P あり（無料）
☎ 0598-23-7771（松阪市観光協会）※見学自由。

【蒲生氏郷《がもううじさと》が築いた城】

松坂城は蒲生氏郷が天正16年（1588）に、松ヶ島城に代わる新たな居城として築いた。なお、この地が「松阪」と表記されるのは明治以降のことである。

天正18年（1590）に豊臣秀吉が小田原の北条氏を滅ぼすと、秀吉は奥州の押さえとして蒲生氏郷を会津若松に転封する。この当時城はまだ完成していなかったようで、松坂に心を残す氏郷は会津移封の命令に涙したという。その後、豊臣秀次家臣の服部一忠が城主の時代を経て、そのあとの城主となった古田重勝の代になって、松坂城はようやく完成した。重勝の跡は弟の重治が継いだが、元和5年（1619）、古田氏は石見国浜田城に転封。松坂は紀州徳川家の領地となり、支城として城代が置かれた。

城下の御城番屋敷を眺める

【戦国の城らしい豪壮な石垣】

松坂城は自然の地形を有効に利用した要害である。典型的な一二三段の城で、山頂部に本丸、中腹に二の丸、山麓に三の丸を配置し、三の丸の周囲には土居と水堀をめぐらせていた。現在松阪公園として整備されている松坂城跡は、本丸と二の丸の部分である。

往時の松坂城は本丸上段に長9間、横8間の天守台を置き、3層の天守が建てられていたが、正保元年（1644）の台風で倒壊。当時は紀州徳川家の支城だったため、天守は再建されなかった。

本丸跡から見下ろすと、大きな長屋が道路を挟んで向かい合って2棟建っている。これが三の丸に残る御城番《ごじょうばん》屋敷。松坂が紀州領であった時代に、城の警護にあたった紀州藩士の住まいだった。

【本居宣長の足跡】

松阪は江戸中期の国学者、本居宣長の故郷でもある。本丸の南にある隠居丸には、宣長の旧宅「鈴屋」と、隣接して本居宣長記念館がある。

三重県（伊勢国）

田丸城《たまるじょう》

【三重県玉城町／続・日本100名城】

内堀には大賀ハスが咲く。奥は三の丸の石垣

歴代城主

◆中世城郭、南朝北畠氏居城　元和5年（1619）～

◆紀州藩付家老久野氏領6万石

DATA

交 ＪＲ参宮線田丸駅から徒歩10分

P なし（城の北側に駐車スペース有。ほか玉城町役場駐車場を利用可）

☎ 0596-58-8212（玉城町教育委員会）※見学自由

【南北朝時代に建てられた城】

延元元年（1336）、南朝方の北畠《きたばたけ》親房《ちかふさ》によって築かれたとされる平山城。玉丸城と呼ばれ、北畠流の愛州忠行《あいすただゆき》が城主となった。この地は伊勢神宮を抑える戦略的要衝であることから、興国3年（1342）に足利尊氏に攻められて落城した。

その後、北畠氏により再建されるが、織田信長の伊勢侵攻後、信長次男の織田信雄《のぶかつ》が北畠具房の養嗣子となって入城。天正3年（1575）に改築され、三層の天守を備えた近世城郭になったが、その5年後に火災で天守を焼失した。

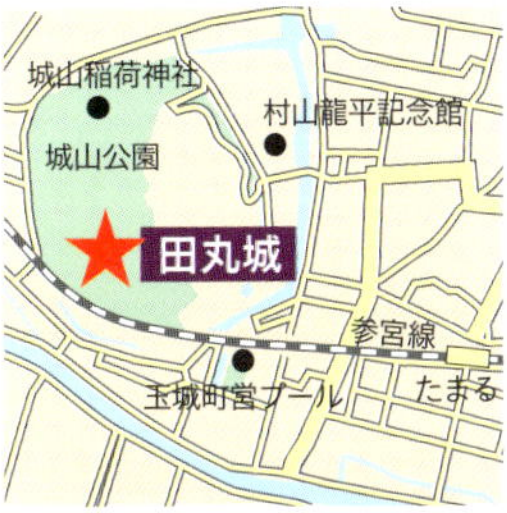

本丸虎口付近の石垣

【江戸時代、紀州藩付家老の居城に】

江戸時代に入り、稲葉氏、藤堂氏らが相次いで入城した後、元和5年（1619）に紀州藩の所領となったことで、藩主徳川頼宣は、遠江久野城城主であった付家老の久野丹波守宗成を田丸城城主として田丸領6万石を領させた。久野氏は、家老として和歌山城城下に居を構えたため、田丸城には城代が置かれ、その体制のまま明治を迎えた。

本丸に残る天守台の石垣

【全体的に石垣がよく遺る】

城の東側に外堀・内堀、大手門付近に石垣が残る。大手門跡の先右側の村山龍平記念館の裏手に、旧三の丸奥書院が移築され、延宝5年（1677）建造の旧御殿の一部が現存。旧御殿のあった場所は現在、玉城中学校となっている。玉城中学校脇から枡形虎口を登ると、北の丸、本丸、二の丸と3つの曲輪が連郭式に配置されている。本丸には穴蔵をもつ天守台が残る。全体的には石垣がよく残り、見ごたえのある古城となっている。

三重県（伊賀国）

上野城《うえのじょう》

【三重県伊賀市／日本100名城】

再建された大天守と小天守

歴代城主

◆慶長5年（1600）～
筒井氏9万5000石

◆慶長13年（1608）～
藤堂氏
津藩支城

DATA

●上野公園
交 伊賀鉄道伊賀線上野市駅から徒歩5分
P あり（有料）
☎ 0595-26-7788（伊賀上野観光インフォメーションセンター）　※見学自由。

●上野城
営 9:00～16:45
休 無休
料 入館料500円
☎ 0595-21-3148

【豊臣と徳川のせめぎ会い】

上野城は三重県西部、奈良県との県境に近い盆地に築かれていた。織田信雄の伊賀平定後、家臣の滝川雄利が拠点のひとつとして築城した。

その後、天正13年（1585）に、筒井定次が9万5000石で伊賀に移封となり、3層の天守を持つ本格的な城を築いた。

関ケ原の合戦後、定次は改易となり、伊勢・伊賀両国を拝領した藤堂高虎が、慶長16年（1611）から城の大改修にとりかかった。縄張も改められた。

この改修には、大坂の豊臣家を警戒する徳川家の思惑があったため、徳川方の前線の拠点として、その改修は新たな城を築くような大規模工事になった。

【未完に終わった城】

藤堂高虎は付櫓のある5層の天守を計画していたが、慶長17年（1612）に工事途中で暴風雨により建築中の天守が倒壊。そのまま再建されないうちに、元和元年（1615）の大坂の陣で豊臣家が滅亡した。これによって、大坂方への備えとしての役割がなくなり、上野城は未完の城のまま、高虎は津に本拠地を移し、上野城には城代を置いた。

【城跡は公園に】

現在、上野城の一帯は上野公園として整備されている。公園内にある大天守・小天守は、昭和10年（1935）に地元の名士が資材を投じて建てた模擬天守で、内部では伊賀焼の作品や藤堂家ゆかりの調度品、甲冑などを展示している。三層の格天井には横山大観はじめ、著名人の大色紙46枚がはめ込まれている。

また、本丸西側の高石垣も見応えがある。上野城は大坂方の攻撃に備える城だったため、西側の守りは堅く、本丸の石垣は堀から立ち上がって高さ28mにもなる日本でも有数の高石垣だ。

高さ28mにもなる本丸西側の高石垣

600段あまりの石段が延々と続く

大阪府（河内国）

千早城《ちはやじょう》

【大阪府千早赤阪村／日本100名城】

歴代城主

中世城郭、楠木氏居城

DATA

交 近鉄南大阪線富田林駅からバス35分金剛登山口下車。登山口から本丸までは徒歩1時間。

P 登山口周辺にあり

☎ 0721-72-0081（千早赤阪村 観光・産業振興課）※見学自由

【『太平記』に記された楠木正成の城】

奈良県と大阪府の県境、標高1152mの金剛山の西麓にあった山城。河内と大和を結ぶ最短ルートという交通、軍事の要衝に築かれていた城である。

千早城は鎌倉幕府軍と戦った楠木正成の城として知られ、少人数で篭城して大軍を退け落城しなかった城としても名高い。『太平記』には、千人足らずの籠る千早城に、100万の鎌倉幕府軍が攻め寄せたとあるが、これは誇張であろう。しかし、相当数の敵が攻め寄せた。正成は石や丸太を崖から落とす、敵の軍勢に油を投げて火を放つなどの奇策を駆使して、大軍を撃退したとされる。

【広大な城域に郭が残る】

この城は標高673m前後に位置する本丸を中心に、標高を下げながら二の丸、三の丸、四の丸、出丸の5つの曲輪が続く連郭式の城郭を持っていた。

登山口から山頂の本丸までは標高差175m。600段あまりの石段を上ったあたりに、当時は小規模な郭が連続する城があった。

二の丸跡には千早神社が建てられており、社務所一帯が三の丸のあった場所。四の丸跡は長さ約100m、幅30mの平坦地である。

本丸は長さ約100m、幅約20mほどで、東方の最高所は約10m四方の土段になっている。ここは望楼櫓跡ではないかともいわれている。

千早城は戦闘のための拠点で、地域支配のための機能はない。南北朝時代に廃城となり、公園化もされており、遺構を探すのは難しい。

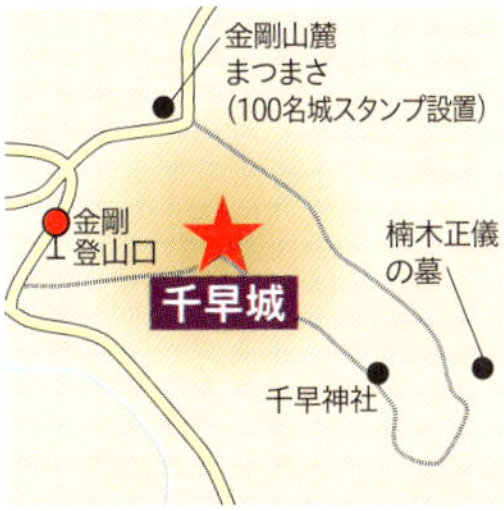

城内最大の郭である第4郭

城内にある楠木正儀の墓

奈良県（大和国）

大和郡山城《やまとこおりやまじょう》

【奈良県大和郡山市／続日本100名城】

追手東隅櫓と追手門

歴代城主

- 元和2年（1616）～ 水野氏6万石
- 元和5年（1619）～ 松平（奥平）氏12万石
- 寛永16年（1639）～ 本多氏15万石
- 延宝7年（1679）～ 松平（藤井）氏8万石
- 貞享2年（1685）～ 本多氏11万石
- 享保9年（1724）～ 柳澤氏15万1000石

DATA

●大和郡山城
交 近鉄橿原線近鉄郡山駅から徒歩10分
P あり（無料）
☎ 0473-53-1151（大和郡山市地域振興課観光戦略室）※見学自由。天守台展望施設は7：00～17：00（4月～9月は～19:00、お城まつり期間中は～21:00）

●柳沢文庫
営 9:00～16:30
休 月曜・第４火曜休（祝日の場合は開館）、他に年末年始など休館あり

【復元された櫓】

近鉄橿原《かしはら》線の九条駅から郡山駅へ向かう車窓に、大和郡山城が見える。「郡山城」という城が複数存在するため、便宜的に「大和」の地名を付けて呼ばれるが、正しい名称は「郡山城」である。今日、目にする追手《おおて》向櫓《むかいやぐら》、追手門（梅林門）、追手東隅櫓《ひがしすみやぐら》、多聞櫓は復元された建築物。

【豊臣秀長《ひでなが》の大修築】

16世紀後半、大坂と京に近い要地であった大和では、松永久秀と筒井順慶《じゅんけい》、2人の武将が覇権をかけて争っていたが、松永久秀は織田信長に謀反を企てて敗走、筒井順慶に滅ぼされた。信長から大和を与えられた筒井順慶は、天正8年（1580）、本拠としていた筒井城（大和郡山市筒井町）を廃し、郡山城を築城。その後、天正13年（1585）、豊臣秀吉の異父弟・秀長が郡山城主になり、城を大修築。3重の堀をめぐらせ、5重5階の天守がそびえていたという。

天守台石垣は転用石が多く、梵字がある墓石と思われる石も

【天守台の石垣】

天守台の石垣には、石の地蔵や平城京の羅城門の礎石という説のある石など、転用石が目立つ。石材を大量に確保するために周辺の寺院から礎石や石仏、墓石などを石材として徴発したからといわれている。

天守台は展望台施設になっていて、奈良盆地を一望できる。天守台の近くには柳澤神社が建ち、毘沙門郭には柳沢文庫がある。柳沢文庫には、江戸時代後期に郡山城の城主をつとめた柳澤氏や、郡山城関連の資料を展示する。

奈良県（大和国）

高取城《たかとりじょう》

【奈良県高取町／日本100名城】

歴代城主

中世城郭、越智氏居城
◆慶長5年（1600）～
本多氏2万5000石
◆寛永17年（1640）～
植村氏2万5000石

DATA

交 近鉄吉野線壺阪山駅から徒歩1時間（タクシーなら10分）で登山口の宗泉寺
P なし（壺阪山駅近くの城下町エリアの無料駐車場、または高取町役場駐車場を利用）
☎ 0744-52-1150（高取町観光案内所夢創館）※見学自由

本丸直下から123段の石垣と天守台を見上げる

本丸天守台

【日本三大山城のひとつ】

奈良盆地の南、高取山の急峻な山頂に築かれた連郭式の山城である。本丸付近の標高は583m、山麓の登城口からの標高差は390mと異様に高い。この標高差は日本一で、備中松山城（岡山県）、岩村城（岐阜県）と並んで日本三大山城のひとつに数えられている。

【豊臣秀長の属城を経て旗本の居城に】

南北朝時代に越智《おち》氏によって築かれたのが始まり。当初は越智氏の本城である貝吹山城の詰の城として機能していたらしいが、戦国時代には越智氏の本城となっていたようである。

天正年間（1573～1592）、大和・和泉・紀伊三国は豊臣秀長の所領となり、秀長は高取城に本多利久を城代として入城させた。

本多氏は江戸時代に入っても城主であったが、寛永14年（1637）、本多政武に嗣子がなく断絶した。

二の丸と本丸の間にある太鼓櫓跡と新櫓跡

寛永17年（1640）、旗本の植村家政が2万5千石で入城。以降、明治まで植村氏14代の居城となった。

【巨大な石垣群の残る広大な山城】

山頂一帯に残る巨大な石垣群は見ごたえがある。虎口は大手筋にあたる二の門のほか、吉野口門、壺阪口門があり、これらの城門の内側が「城内」。広い縄張りをもち、大天守、小天守、27の櫓、33の城門を持つなど、平山城と同じような構えをもっていた。本丸の西側には二の丸が配されており、二の丸に藩主の居館である二の丸御殿が設けられていた。こうした壮大な構えを持つ城は他に例を見ない。規模の大きな山城のため、見学には少なくとも2時間以上かかる。

大阪府（摂津国）

大坂城《おおさかじょう》

【大阪府大阪市／日本100名城】

西側の内堀から天守を見る

歴代城主

◆幕府直轄

DATA

●大阪城公園

交 JR大坂環状線大阪城公園駅、同線森ノ宮駅、地下鉄中央線森ノ宮駅などで下車

P あり（有料）

☎ 06-6755-4146（大坂城パークセンター）

●大坂城天守閣

営 9:00〜16:30（入館）

春の桜、5月の連休、夏休み、秋の特別展中は開館時間の延長あり。

休 12月28日〜1月1日

料 入館料600円

☎ 06-6941-3044

【始まりは石山本願寺】

日本の城は数あれど、この大坂城は太閤豊臣秀吉の築いた城としてあまりにも有名だ。

そもそもは、この地は巨大寺院である石山本願寺が建っていたところ。石山本願寺は、天文元年（1532）に一向宗（浄土真宗）本願寺派の本山となり、あたり一帯を城郭化して、商業でにぎわう寺内町を形成していた。これに危惧を感じていたのは、天下統一をめざす織田信長だった。強大化する石山本願寺の力をおそれ、元亀元年（1570）から11年にわたって対決。これが世にいう「石山合戦」である。信長は天正8年（1580）、ついに石山本願寺を攻略し、寺跡に一大城郭を築こうと構想を描いた。その城が大坂城である。

その信長は、天正10年（1582）の本能寺の変に襲われる。大坂城築城の思いを果たせぬまま、信長は倒されてしまうのだ。

【豊臣秀吉の栄華のシンボル】

信長亡きあと、大坂城の築城に着手したのは豊臣秀吉だった。天正11年（1583）のことである。自らの主君だった信長の遺志を継ぐという意味合いもあったことだろうが、この地に城をもつ利点を認識しての築城だった。大坂湾の海に臨み、南蛮貿易で繁栄していた堺が至近距離にあるという立地。京の都にも近い。そのうえ、四国や中国地方、九州とも瀬戸内海で通じている。

大手高麗門と多聞櫓。左奥に千貫櫓。いずれも重要文化財

かくして大坂城築城工事は、一大プロジェクトになった。およそ30国の諸大名を動員。工事現場で働いた人夫の数は1日5万人ともいわれている。約16年の歳月を費やして慶長4年（1599）に完成。本丸、二の丸、そして総構えを加えると400haにもおよぶ一大城郭を築き上げたのである。本丸には5層8階の天守がそびえ、その天守の瓦などは金箔で飾られていたという。

外堀の南西から見る六番櫓（重要文化財）

本丸東側内堀の高石垣。高さ32mで、日本の城郭では最大規模

桜門枡形にある蛸石は城内最大の石

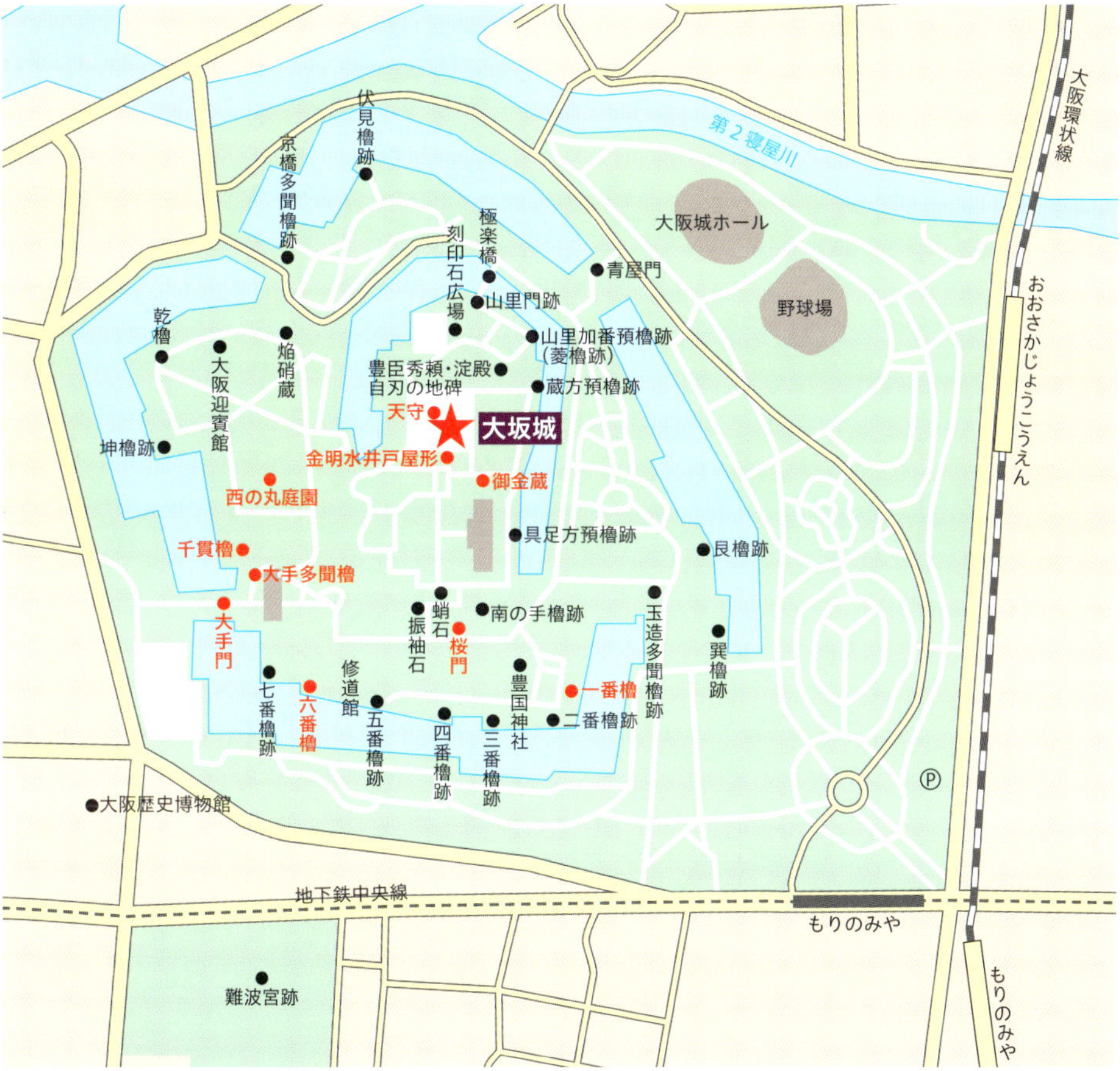

【豊臣氏の滅亡】

大坂城は、天下人秀吉の勢いそのままに、豪壮にして華麗な城であった。が、慶長3年（1598）、秀吉が伏見城で死去。子の豊臣秀頼が大坂城の新たな城主につくも慶長5年（1600）の関ケ原の合戦で世の中は一変する。徳川家康の治世になり、江戸幕府による政治がスタートしたのだ。その後の大坂城と豊臣家の運命は、多くを語るまでもないだろう。

慶長19年（1614）、大坂冬の陣が起き、豊臣方と徳川方が激突。大坂城は難攻不落の城であったため、徳川方は攻めあぐねたが、「講和」にこぎつける。その講和条件として、徳川方が実行したのは、大坂城の堀を埋めること。惣構や三の丸の破却、さらには二の丸の堀まで埋め立てたという。

西側から見た大天守。最上部の黒地に金の虎の意匠は大坂城だけの特徴

翌元和元年（1615）、大坂夏の陣が勃発。大坂城は、堀が埋められていて防戦ができず、劣勢を強いられる。そうして大坂城は落城。秀頼は、母淀殿とともに自刃し、豊臣家は滅亡したのだった。

【徳川氏による再建】

大坂の陣ののち、大坂城は徳川体制に組み入れられることになる。いったんは松平忠明を城主にするが、元和5年（1619）に忠明を大和郡山へ転封。大坂と大坂城を幕府の直轄地とし、以後、大坂城へは城代を置くようになった。

幕府は、徳川2代将軍秀忠から3代将軍家光にかけての時期、元和6年（1620）から大坂城の再建を行なった。豊臣秀吉が築いた城の周囲に、土塁と石垣をほどこして元の城を地下深く埋め込み、10年の歳月を費やして新たに城を築造。大工事のすえに寛永6年（1629）に完成した城は、秀吉が建てたものとは異なる「徳川大坂城」だった。

天守も、秀吉の時代よりも高くなり、徳川幕府の勢威の象徴としてそびえたった。その天守も寛文5年（1665）に落雷により全焼し、以後、再建されないまま明治維新にいたる。

【再建された天守閣】

大坂城は明治維新の混乱期に多くの建物を焼失した。が、昭和6年（1931）、市民の寄付金により秀吉時代の天守の再建がかなった。だが、昭和20年（1945）の第2次世界大戦の空襲により、京橋口多聞や二番・三番・伏見・坤の4櫓などを焼失。その後も昭和25年（1950）にジェーン台風により甚大な被害を受けた大坂城だが、募金活動など官民一体となって復興に向けての取り組みが行われ、昭和28年（1953）、大坂城域は国の史跡に、そして大手門ほか13棟が重要文化財に指定された（1955年には国の特別史跡に指定）。

昭和に再建された天守は平成7年（1995）～9年の「平成の大改修」を経て、現在も威風堂々と立つ。5層8階で、内部は歴史博物館。この天守閣を中心に城跡一帯は大阪城公園として整備され、観光スポットになっている。

【大手門と桜門】

大坂城の正門が大手門。追手門とも書く。高麗門様式の門で、寛永５年（１６２８）に建てられた。国の重要文化財。

天守のそびえたつ本丸へは、この大手門を入り、二の丸へ。石山本願寺推定地の碑をすぎ、桜門をぬける。桜門は慶応4年（１８６８）の戊辰戦争で焼失したが、明治20年（１８８７）、江戸時代の様式で再建された。

【多聞櫓と千貫櫓】

大手門のすぐ近くにあるのが多聞櫓と千貫櫓である。ともに国の重要文化財。

全国的にも珍しい 御金蔵が現存

多聞櫓は江戸時代初期の創建で嘉永元年（１８４８）の再建である。千貫櫓は、西の丸に残る乾櫓とともに大坂城内で現存する最古の建造物である。元和６年（１６２０）に建てられたものだ。名前の由来は、石山合戦のころにさかのぼる。このあたりに難攻不落の櫓があったといわれ、信長が「この櫓を落とした者に千貫文与えても惜しくない」といったと伝えられている。

【一番櫓と六番櫓】

二の丸の南面にはかつて７つの櫓があったというが、現存するのは一番櫓と六番櫓である。ともに国の重要文化財。一番櫓は一番東側にあるのでこの名が付けられている。

六番櫓は寛永5年（１６２８）に建てられたもの。なお、一番櫓と六番櫓は不定期だが内部を一般公開することがある。

【御金蔵】

天守閣の観覧券売所のすぐ手前、海鼠壁に白漆喰の土蔵造りの建物は金蔵である。徳川幕府の金貨・銀貨の保管庫だった。金庫という重要な役割を担う建物だったため、盗難防止や湿気防止なども配慮された構造だ。国の重要文化財。

【金明水井戸屋形】

天守閣のすぐ前にある金明水井戸屋形。井戸は寛永3年（１６２６）に掘られたという。国の重要文化財。

【西の丸庭園】

現在、桜の名所となっている西の丸庭園。ここは豊臣秀吉の正室である北政所が住んでいたところ。北側の端には焔硝蔵が残っている。花崗岩の切り石で造られたもので、火薬庫である。貞享2年（１８６５）に造られた蔵である。国の重要文化財。

【山里丸】

天守閣の北側は山里丸。豊臣時代には樹木が茂り、茶室が建っていたという。

外堀北西にある乾櫓（重要文化財）。L字型の平面の独特の櫓

そんな風雅な雰囲気を秀吉は楽しんだと伝えられる。豊臣秀頼と淀殿が最期を遂げた地といわれ、石碑が建っている。

大阪府（和泉国）

岸和田城《きしわだじょう》

【大阪府岸和田市／続日本100名城】

内堀の水際に犬走があり、水の手へ降りる石段がある

歴代城主

◆慶長5年（1600）～小出氏3万石
◆元和5年（1619）～松平（松井）氏5万石
◆寛永17年（1640）～岡部氏6万石

DATA

●岸和田城天守閣
交 南海本線蛸地蔵駅から徒歩7分
P あり
営 10:00～16:00（入場）
休 月曜（月曜が祝日の場合は開館、お城まつり期間中の4月1日～15日は無休）、年末年始
料 300円
☎ 072-431-3251

【城主の変遷】

「だんじり祭」で有名な岸和田。この祭りの起源は元禄16年（1703）、当時の岸和田3代藩主岡部長泰《ながやす》が、京都伏見稲荷を城内三の丸に勧請し、五穀豊穣を祈願して行なった稲荷祭が始まりという。

岸和田城は寛永17年（1640）から明治維新まで、岡部氏が13代にわたって城主をつとめた。しかし城の歴史は古く、建武元年（1334）、楠木正成《くすのきまさしげ》の一族である和田氏の築城までさかのぼる。築城の地は現在の城から東へ400mほどいった野田町付近と伝えられ、「和田氏居城伝説地」の碑がたつ。その後は、信濃氏、細川氏、三好氏、松浦氏と支配者が移り、豊臣秀吉の治世には秀吉家臣の中村氏、次いで小出氏が入城。そして、江戸時代初期には松平（松井）氏が岡部氏入封までの約20年間、城主となっていた。

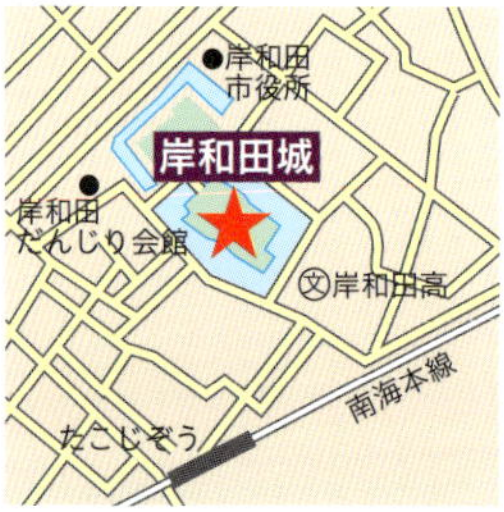

隅櫓と多聞。右奥に天守

岸和田は大坂と紀州を結ぶ紀州街道を控えた要衝の城。岡部氏の時代には、本丸、二の丸、二の曲輪、三の曲輪などのある大規模な城郭となった。

【再建された天守】

現在は石垣と塀の一部を残すのみだが、昭和29年（1954）再建の天守、昭和44年（1969）再建の隅櫓、平成4年（1992）再建の二の丸多聞櫓などに往時の面影をしのぶことができる。江戸時代にあった天守は5層だったが、今日目にする天守は3層の模擬天守で、内部は岸和田城に関する資料を展示する資料館。最上階からは大阪湾を眺望できる。

遺構として見逃せないのは、本丸跡の石垣に見られる「犬走《いぬばしり》」。石垣の外側に沿って続く細い通路だが、もしも敵が攻め入ってきたときに足場を与えることになりかねない。だが、用いている石の多くが「和泉砂岩《いずみさがん》」という強度の弱い石材であることから、石垣を補強するために設けられたとされている。

三重県（紀伊国）

赤木城《あかぎじょう》

【三重県熊野市／続日本100名城】

大手虎口

歴代城主

中世城郭、藤堂高虎築城

DATA

交 ＪＲ紀勢本線熊野市駅から車で約35分

P あり（無料）

☎ 0597-89-4111（熊野市教育委員会社会教育課）

※見学自由

【藤堂高虎の初期の築城例】

赤木城は紀伊国牟婁《むろ》郡西山郷の丘陵、標高２３０ｍの地に築かれていた平山城。低山だが、周囲の標高が低いため比高は約30～40ｍある。

赤木城の築城は、天正17年（１５８９）ころ。熊野地方で勃発した豊臣秀吉の太閤検地に反対する一揆（天正一揆）を討伐する拠点として藤堂高虎が築いた。赤木城は、築城の名手と呼ばれた高虎の初期の作品ともいえる城である。

【熊野地方支配の拠点として築城】

豊臣政権は古来木材の産地であった熊野支配をめざし、木材資源の掌握を図ったともいわれる。高虎は天正13年（１５８５）から文禄4年（１５９５）までの11年間、北山代官の任にあり、天正16年（１５８８）の北山征伐の後、赤木城西方の田平子峠に処刑場を置き、北山征伐の首謀者たちを斬首したともいわれる。

赤木城は、江戸時代に入り、その役目を終え、廃城となった。

複雑な虎口

【中世から近世への移行期の山城】

主郭を中心として三方の尾根を利用して郭を配置した縄張は中世山城のもの。しかし、規模の大きな石垣や、通路を何度も折り曲げた複雑な構造の虎口など、近世城郭の特徴を備える。また、石垣に算木積が用いられた、ごく初期の例といえる。

主郭には随所に横矢掛りと張り出しが設けられ技巧的。中世城郭から近世城郭への移行期の状況を見せる。江戸時代以降の改変を受けていないため、織豊期の城郭として当時の姿を残しており、文化遺産的な価値は非常に高い。

櫓台が残る

和歌山県（紀伊国）

和歌山城《わかやまじょう》

【和歌山県和歌山市／日本100名城】

天守二の門から大天守を見る

歴代城主

◆慶長5年（1600）～
浅野氏37万6000石

◆元和5年（1619）～
紀州徳川氏55万5000石

DATA

●和歌山公園
交 紀勢本線・南海本線和歌山市駅から徒歩10分。または紀勢本線和歌山駅から徒歩20分
P あり（有料）
☎ 073-435-1234※見学自由

●和歌山城（天守閣）
営 9:00～17:00（入場）、7月20日～8月31日は～19:30（入場）
休 12月29日～12月31日
料 410円
☎ 073-422-8979（和歌山城天守閣）

●西之丸庭園
営 9:00～17:00
休 12月29日～12月31日
料 無料
☎ 073-435-1044（和歌山市和歌山城整備企画課）

【豊臣秀長《ひでなが》が築城】

和歌山城の築城は、天正13年（1585）。紀州では雑賀衆、根来衆など鉄砲集団が勢力をもっていたが、こうした武装集団を倒し、紀州を平定したのは豊臣秀吉だった。軍功をあげた弟・秀長に紀伊・和泉・大和を与え、和歌山城を築くように命じ、藤堂高虎《とうどうたかとら》を普請奉行に任じた。

和歌山城が完成したが、秀長は大和郡山城（奈良県）を居城とし、城代として桑山重晴が和歌山城に入城し、城の管理にあたった。

慶長5年（1600）、関ケ原の合戦が勃発。徳川家康率いる東軍で戦功をあげた浅野長政の嫡男・幸長が紀伊に入封。和歌山城の新たな城主となった。浅野氏は2代19年間にわたって在城したのち、広島城へ移封となる。

【〝暴れん坊将軍〟ゆかりの城】

浅野氏に替わって元和5年（1619）に和歌山城へ入城したのが、徳川家康の十男頼宣《よりのぶ》だ。徳川御三家紀伊徳川家の祖である。頼宣は、元和7年（1621）から城の拡張工事に着手。以後、和歌山城は紀伊徳川家の居城となる。ちなみに8代将軍徳川吉宗は紀伊徳川家5代藩主、皇女和宮を娶った14代将軍徳川家茂は紀伊徳川家13代藩主だった。

【再建天守】

和歌山市街地のほぼ中心、紀ノ川河口の東岸に築かれた和歌山城。標高48・9mの小高い虎伏山の山頂に天守曲輪が置かれ、3層3階の大天守を中心とした城郭建築群が勇姿をみせている。大天守、小天守、乾櫓、二の門櫓、二の門が多門櫓で結ばれている連立式天守だ。これらは昭和33年（1958）の再建。昭和20年（1945）に空襲で焼失するまでは、江戸時代の天守が存在していた。

【西之丸庭園（紅葉渓）】

江戸時代初期に作庭された庭園。浅野

天守二の門と続櫓

松の丸櫓台付近の石垣

東堀に臨んだ雁木の石垣

岡口門から大天守を望む

鳶魚閣と御橋廊下

氏時代に造られた内堀の一部と、丘陵の地形を利用して造営したという。明治以降は荒廃したが、昭和45年（1970）から3年かけて復元された。現在、国の名勝。池に突き出すかのようにある「鳶《えん》魚閣《ぎょかく》」と名付けられた釣殿《つりどの》風の建物が御三家の庭園としての風格を醸し出している。秋の紅葉シーズンはとりわけ美しい。ここ西の丸と二の丸を結ぶ御橋廊下《おはしろうか》も復元されているので、散策を楽しみたい。

【さまざまな時代の石垣が残る】

豊臣・桑山氏が築いた野面積や、浅野氏時代の打込はぎの石垣、紀伊徳川氏が築いた切込はぎの石垣も見どころ。特に南の丸や松の丸に築かれた高石垣は、見事な勾配。

【岡口門】

和歌山城南東にある。元和7年（1621）ころの建造物で、国の重要文化財指定を受けている。当初は東側城の大手だったので、この門は大手門だったことになる。浅野氏の時代に大手門が一の橋口に変わったため、その後は搦手門《からめてもん》となった。岡口門の北に続く土塀も当時のもの。土塀の狭間《さま》は一枚岩をくりぬいた特殊な意匠だ。

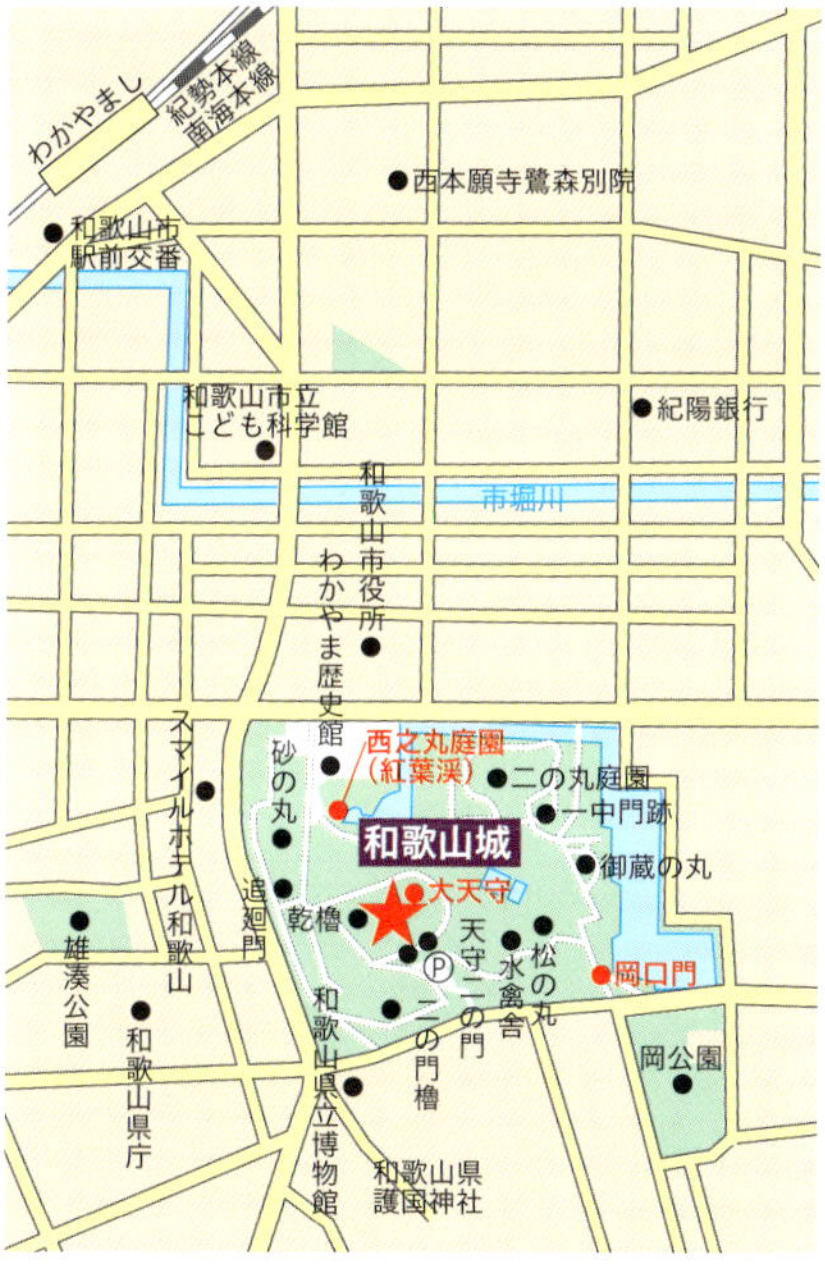

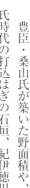

二の丸御殿書院玄関（国宝）

京都府（山城国）

二条城《にじょうじょう》

【京都府京都市／日本100名城】

歴代城主

◆慶長6年（1601）～
幕府直轄

DATA

●二条城
営8:45～16:00
休12月29日～12月31日
料入城料600円、二の丸御殿観覧料400円
交地下鉄東西線二条城前駅から徒歩３分
Pあり（有料）
☎075-841-0096

【徳川家の権威の象徴】

慶長5年（1600）関ケ原の合戦で勝利し、天下を掌握した徳川家康。慶長6年（1601）、上洛の際の宿所として造営を開始し、5年を費やして完成させた巨大な城郭が二条城だ。

そもそも京都の二条通には、室町幕府の時代には将軍御所があり、織田信長や羽柴秀吉も二条城を建てている。家康の二条城はこれに倣ったもので、慶長8年（1603）2月12日、家康の征夷大将軍宣下が宮中で行なわれると、家康はあらかた完成していた二条城に入城、その賀儀を城内で行なった。

【徳川家光の大改修で現在の姿に】

その後、徳川2代将軍秀忠の娘である和子が二条城から14歳で後水尾《ごみずのお》天皇のもとへ入内。この入内は徳川将軍家の幕府体制を強めようと天皇家との間に姻戚関係を築くための政略結婚だった。

寛永3年（1626）、後水尾天皇は中宮の和子（東福門院）を同道して二条城に行幸する。これに先立ち、徳川3代将軍家光は二条城に大規模な増築と改築を行なった。現在の二の丸御殿の南側に、行幸御殿、中宮御殿、女院御殿などが新たに建てられ、さらに伏見城から建造物の移築もなされた。

東大手門（重要文化財）。巨大な渡櫓は徳川将軍家の威勢の象徴だ

【世界遺産】

明治維新後、廃城令で多くの城が取り壊されていくなか、二条城は離宮として宮内省の管轄になり、破却を免れた。し

二の丸庭園と黒書院

唐門（重要文化財）。御殿の入り口となる門なので、城郭らしさは感じない

東南隅櫓。伏見城の古材を利用したとの説がある

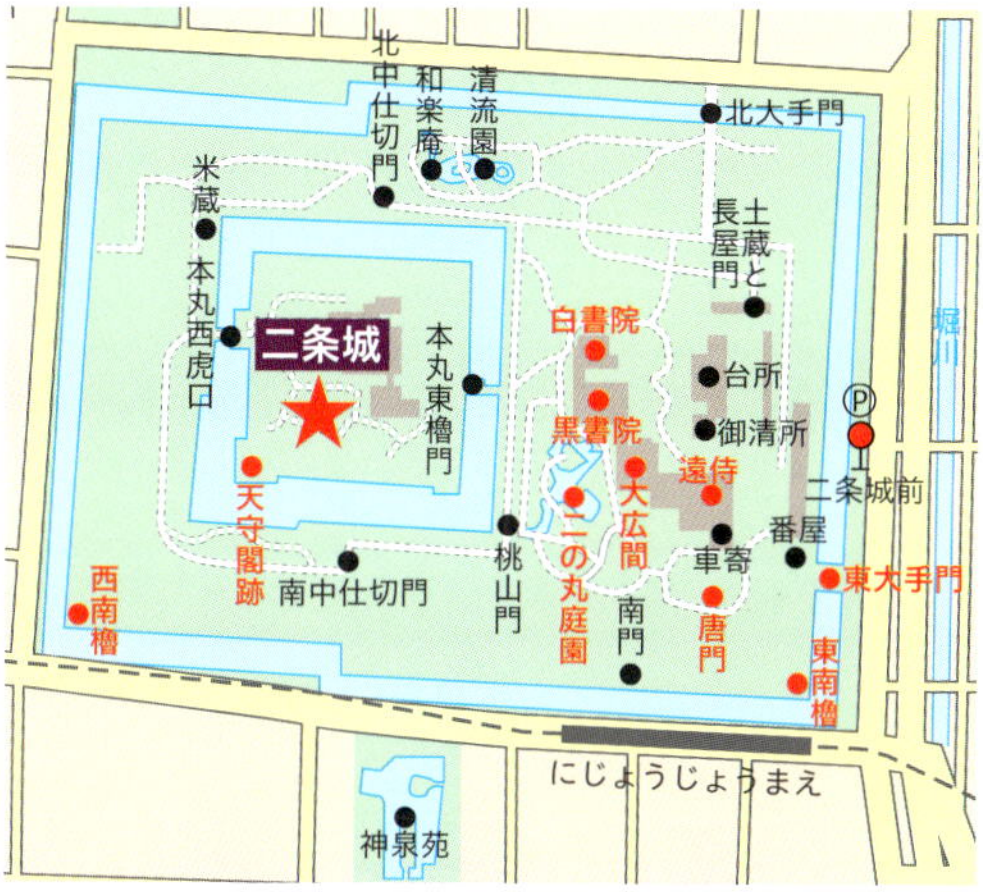

たがって現在は「元離宮　二条城」が正しい名称となる。

本丸と二の丸からなる城郭には国宝の二の丸御殿をはじめ、台所、御清所などの建物や、土蔵、東西の隅櫓、櫓門、鳴子門、南北の中仕切門など、数多くの建物が現存している。

後水尾天皇行幸に先立ち造営された、行幸御殿、中宮御殿、女院御殿などは、後年仙洞御所（京都市）などへ移築されたため、中宮御殿の一部を改築した桃山門のみが残っている。平成6年（1994）、ユネスコの世界文化遺産に登録された。

二条城は将軍上洛時の宿舎であり、京都における徳川家の勢威を示す存在として建てられた。いわば第二の江戸城を京都に建てたようなものだ。そんな徳川権威の象徴の場で、徳川15代将軍慶喜が大政奉還を表明したのは歴史の皮肉かもしれない。

【東大手門（重要文化財）】

堀川通に臨んで建つ二条城の正門。門の2階部分に通路や倉がある渡櫓門で、現在のものは寛文2年（1662）に改築されたものとされている。寛永3年（1626）に後水尾天皇が城を訪れる際、頭上を人が通る渡櫓門では恐れ多いとして最初に造られた門から渡櫓を取り払って一重の門に建て替えたというが、後年に再び渡櫓を設けたという。

【唐門（重要文化財）】

二の丸御殿の正門となる豪壮な門。正面と背面に唐破風を持つ向唐門で、金色に輝く飾金具と数多くの彫刻で埋め尽く

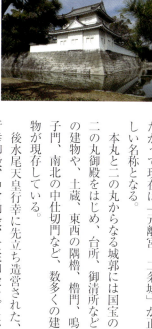

された壮麗な建築物だ。

【二の丸御殿（国宝）】

日本最大にして唯一現存する慶長年間（1596〜1615）の城郭殿舎。建物の北西部分に別の建物の南東部分がつながり、玄関車寄、遠侍《とおまち》、式台、大広間、黒書院、白書院といった建物が斜めに連なって雁行《がんこう》形の大建築を形成している。御殿内の障壁画も狩野派の筆によるもので、重要文化財。欄間の透かし彫り彫刻などもみごとだ。

天守台と内堀

【二の丸御殿遠侍・式台】

唐門をくぐると正面に玄関車寄と遠侍（大名が控える部屋）の大入母屋が目に入る。遠侍は二の丸御殿最大の建物で、一の間・二の間・三の間・若松の間・勅使の間などがある。一の間から三の間にかけての障壁画には竹と虎などが描かれている。その奥には諸大名が幕府の老中職と面談をする式台が続く。式台の障壁画は狩野探幽の筆で松が描かれている。

【二の丸御殿大広間】

参上した大名や公卿衆が、将軍に謁見する場であった。一の間と二の間があり、等身大の人形を配置して将軍対面の場を再現している。一の間の上段に将軍が座し、下段の下手に諸大名が座る。上段の間には帳台構《ちょうだいがまえ》が設けられている。

大広間は、最後の将軍徳川慶喜による大政奉還の舞台にもなったところだ。

【二の丸御殿黒書院・白書院】

大広間と書院とを結ぶのは蘇鉄の間。そして、奥御殿であり、親藩や譜代大名が将軍と対面した黒書院へ続く。黒書院は小広間とも呼ばれ、対面の場としては大広間より規模が小さいが、襖絵や部屋飾りなどはより精緻で技巧的になっている。襖絵は狩野探幽の弟、尚信による。白書院は将軍の居間と寝室。私的な空間であるため、部屋飾りや襖絵などはむしろ質素になっている。

本丸御殿

【二の丸庭園（特別名勝）】

二の丸御殿の前にある池泉回遊式の庭

園。本来は池の東の大広間や北側の黒書院から眺めるよう設計された庭だが、寛永3年（1626）に後水尾天皇の行幸御殿を池の南に増築した際、御殿からの眺めを重視して改修された。この改修にあたったのは作庭の名人、小堀遠州という。

庭園は東西70m、南北45mの池の中央に蓬莱島、その左右に鶴島と亀島を配し、4つの橋を架け、西北隅は三段落ちの滝石組が設けられている。池の汀に配された大小さまざまの石組みは、城郭の庭らしいダイナミックな美しさを見せている。梅、椿、桜、藤、紅葉など四季折々に美しい。

【本丸（重要文化財）】

二の丸御殿から内濠を渡り、本丸東門をくぐると本丸である。

江戸時代の本丸には、伏見城から移築した天守閣や櫓、そして御殿があり、二の丸御殿から橋長屋（堀の上に渡された屋内通路）と廊下多門（屋根付の廊下）で結ばれていたとされる。現存する本丸東櫓門は橋長屋から廊下多門の中継地点だった。このため、本丸東櫓門は城門としては珍しく、枡形の正面に櫓門を構える造りとなっている。この東御門は本丸が全焼した天明の大火（1788年）から免れた、本丸唯一の寛永期の建造物。

現在、本丸には、京都御所桂宮邸の御殿の建物を明治26年（1893）に移築した本丸御殿が建っている。この桂宮邸の御殿は、京都御所にあったころ、皇女和宮が14代将軍家茂に嫁ぐ前、約1年8ヵ月ほど住んでいた建物。嘉永7年（1854）、内裏の火災時にも焼失を免れ、孝明天皇（和宮の兄）が仮皇居にしたという。

【天守閣跡】

当初の天守閣は大和郡山城から移築したもので、城の北西にあった。この天守閣は寛永年間（1624～1644）の拡張工事で解体されて淀城に移築され、代わって伏見城の5層の天守が本丸の西南隅に新たに移築された。しかし寛延3年（1750）に落雷によって焼失し、以後再建されていない。現在、天守台の石垣が残っている。

【東南隅櫓と西南隅櫓（重要文化財）】

二条城には本丸と外郭合わせて8ヶ所に櫓が設けられていた。これらの多くは、元和5年（1619）に廃城となった伏見城から移築したものだったという。このうち現在残るのは東南隅櫓と西南隅櫓の2カ所だけだ。東南隅櫓は千鳥破風を持つ2層の櫓で、二条城では、もっとも城郭らしい風景を見せている。

二の丸庭園

篠山城《ささやまじょう》

【兵庫県丹波篠山市／日本100名城】

鉄門枡形跡の石垣

歴代城主

◆慶長14年（1609）～
松平（松井）氏5万石
◆元和5年（1619）～
松平（藤井）氏5万石
◆慶安2年（1649）～
松平（形原）氏5万石
◆寛延元年（1748）～
青山氏6万石

DATA

●篠山城跡
交 JR福知山線篠山口駅からバス15分二階町下車、または本篠山下車、徒歩5分
P あり（有料）
☎ 079-552-1111（丹波篠山市商工観光課）※見学自由

●篠山城大書院
営 9:00～16:30（受付）
休 月曜（祝祭日のときは翌日休）、12月25日～翌年1月1日休
料 見学料400円
☎ 079-552-4500

【天下普請の城】

丹波は京の都や大坂に近く、戦略上重要な地。その丹波の丘陵に築かれた篠山城は、大がかりな天下普請によって建造された城だ。西国15カ国20大名に築城が命じられ、慶長14年（1609）に着工し、わずか1年足らずで完成。以後、徳川の親藩・譜代の大名が城主となった。

【石垣や堀が現存】

往時の篠山城は、本丸の東南隅に天守台を置き（天守は築かれなかった）、本丸と二の丸を内堀で囲み、その周囲が三の丸、さらに三の丸の周囲に外堀をめぐらしていた。現在、本丸跡、二の丸跡、内堀、外堀などが残り、国の史跡。石垣は反りのない急勾配が特徴だ。

【近世城郭では珍しい特徴的な馬出《うまだし》】

篠山城は北の大手門のほか、東門と南門があり、いずれも規模の大きな馬出を備えていた。馬出は武田信玄や小田原北条氏など戦国武将の城に多く見られるが、近世城郭ですべての虎口に馬出が設けられているのは非常に珍しい。東門と南門には馬出の遺構が残る。

【復元された大書院】

本丸には築城と同時に建てられた大書院があったが、昭和19年（1944）に焼失。古絵図などの資料をもとに、平成12年（2000）に木造で復元された。内部では篠山城や篠山藩の歴史資料を展示。格式の高い上段の間など復元による部屋の様子も見ることができる。

ほか、城の西側、外堀沿いの道には下級武士の屋敷が点在、往時をしのばせる。

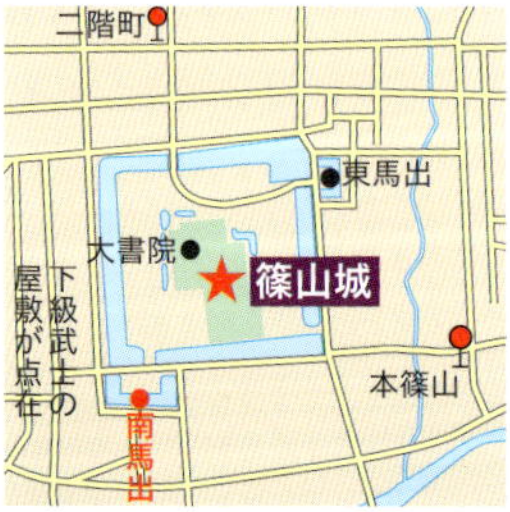

復元された御殿玄関

内堀と二の丸石垣

本丸の石垣。上部は戦後、大本の信者によって積みなおされたもの。結界から先は立入禁止

京都府（丹波国）

丹波亀山城《たんばかめやまじょう》

【京都府亀岡市】

歴代城主

◆慶長6年（1601）～
前田氏5万石
◆慶長14年（1609）～
岡部氏3万2000石
◆元和7年（1621）～
松平氏（大給）2万2000石
◆寛永11年（1634）～
菅沼氏4万1000石
◆慶安元年（1648）～
松平氏（藤井）3万8000石
◆貞享3年（1686）～
久世氏5万石
◆元禄15年（1702）～
青山氏5万石
◆寛延元年（1748）～
松平氏（形原）5万石

DATA

交 JR嵯峨線亀岡駅から徒歩10分
P あり
営 9:00～16:30
休 無休
料 無料
☎ 0771-22-0691（JR亀岡駅観光案内所）

【明智光秀の城】

京都府北部、保津《ほづ》川と沼地を北に望む小高い丘に築かれた明智光秀の居城。天正3年（1575）、織田信長からこの地を与えられた光秀が、丹波攻略の拠点とするため築城したという。築城にあたっては、付近の社寺を破却して、木材や石材を再利用したとの伝承がある。城下町も新しく作った。東西1500m、南北800mの町並みを作り、近隣の村から人を呼び住まわせ、民政に力を注いだともいう。

天正10年（1582）、「本能寺の変」の際に、光秀はここ丹波亀山城から軍勢を引き連れて本能寺へ向かった。地元丹波での光秀の評価は高く、民衆は光秀の死後もひそかに霊を祭祀していたという。

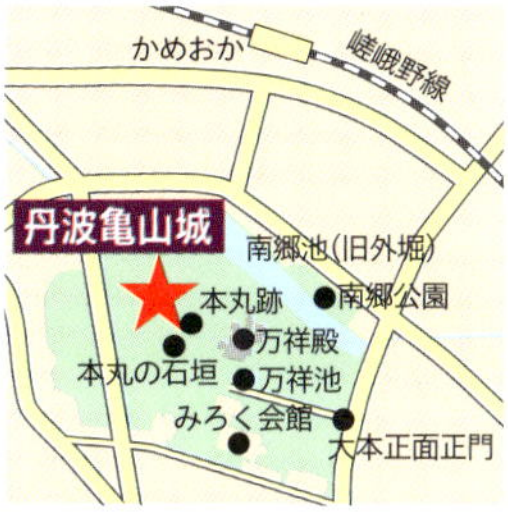

亀山城はその後、羽柴秀俊（小早川秀秋）によって修築され、さらに慶長15年（1610）、天下普請により5重の天守が造営された。

【城跡は現在、宗教法人の施設】

亀山城は、明治の廃城後払い下げられ、現在、本丸・二の丸などの一帯は宗教法人「大本《おおもと》」の所有となっている。荒廃していた城跡は、大本の信者らによって石垣の積み直しが行われ、宗教施設の本拠地となった。城跡部分は一般公開されており、総合受付で申し込むと見学できる。

万祥池と名付けられた内堀跡と二の丸の石垣

駐車場前のみろく会館の一帯が二の丸跡。ここから北へ進むとすぐに万祥池《ばんしょういけ》。かつて本丸と二の丸を隔てていた内堀跡だ。この付近の石垣には刻印が彫られたものが散見する。万祥殿という建物の脇から小さな門をくぐると本丸の石垣が見えてくる。江戸時代の本丸には御殿と書院、天守があったが、現在は宗教上の聖地として禁足地になっている。

京都府（丹波国）

福知山城《ふくちやまじょう》

【京都府福知山市／続日本100名城】

歴代城主

◆慶長5年（1600）～ 有馬氏6万1000石
◆元和7年（1621）～ 岡部氏5万石
◆寛永元年（1624）～ 稲葉氏4万5700石
◆慶安2年（1649）～ 松平（深溝）氏4万5900石
◆寛文9年（1669）～ 朽木氏3万2000石

再建された天主、櫓門など

DATA

●福知山城公園
交 JR福知山線福知山駅から徒歩15分
P あり（無料）
☎ 0773-22-2228（福知山観光協会）　※見学自由

●福知山市郷土資料館
営 9:00～16:30
休 火曜（祝日の場合は翌日休）、12月28日～31日、1月4日～6日
料 320円
☎ 0773-23-9564

【明智光秀が築いた城】

本能寺の変で織田信長を討った明智光秀は、その生涯でいくつかの城を築いている。そのひとつがここ福知山城だ。

天正3年（1575）、信長の命で丹波を攻め、横山城を落城させた光秀は、この城を丹波支配の拠点として改修し、城名を福知山城と改めた。光秀は近江坂本城を本拠とし、福知山城には女婿の明智秀満を城主に任命。だが天正10年、光秀は本能寺の変を起こし、山崎の戦いで敗死。福知山城は羽柴秀勝（秀吉の実弟）ら、秀吉配下の人物が城主となった。

【江戸時代の福知山城】

慶長5年（1600）、関ケ原の戦いの後に入封した有馬豊氏《ありまとようじ》は、城と城下町の整備に着手。由良川と土師《はぜ》川が合流する丘陵の本丸を築き、西へ二の丸、伯耆《ほうき》丸、内記丸と配し、近代城郭を完成させた。が、元和6年（1620）に豊氏は筑後久留米に転封。以降、城主は岡部氏、稲葉氏、松平（深溝）氏と替わる。寛文9年（1669）、朽木《くつき》稙昌が入封。以後、朽木氏13代の居城として明治維新を迎えた。

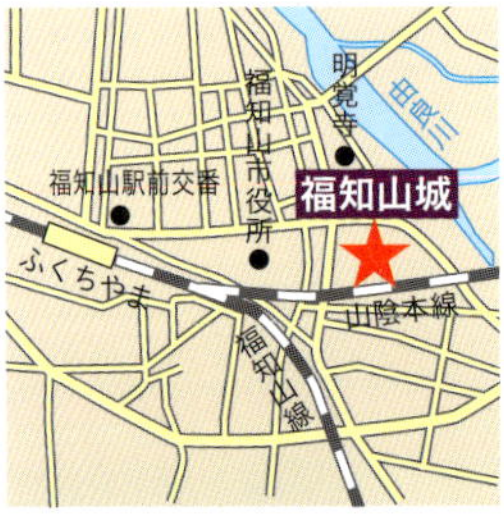

野面積の石垣は、明智光秀が築いたころのものと推定される

【再建天守と石垣】

明治になって城は取り壊されたが、松平氏時代の絵図などをもとに、2層2階の小天守と、3層4階の大天守が再建されている。天守内部は郷土資料館となっており、大天守4階からは由良川の流れや丹波の山々の眺めを楽しめる。

往時の姿を伝える遺構には、銅門番所がある。もとは二の丸の登城路にあったが、本丸跡に移築された。また、本丸跡に見られる野面積の石垣は、明智光秀築城当時のものと推定されている。大小の自然石のほか、五輪塔、宝篋印塔といった転用石が使われている。主である信長の命を受け、城の大改修を進めた光秀だが、石材の確保に苦労し、寺院から石塔などを調達したという。

兵庫県（但馬国）

出石城《いずしじょう》

【兵庫県豊岡市／続日本100名城】

歴代城主

◆慶長9年(1604)～
小出氏5万石
◆元禄9年(1696)～
松平氏4万8000石
◆宝永3年(1706)～
仙石氏5万8000石

DATA

交 ＪＲ山陰本線豊岡駅からバス30分出石下車、徒歩5分
P あり（有料）
☎0796-52-4806（出石観光協会）※見学自由

本丸付近から西櫓を見る

【但馬国守護山名氏の居城】

永禄12年（1569）の木下秀吉（後の豊臣秀吉）の但馬征伐により居城・此《この》隅山《すみやま》城を失った但馬国守護・山名祐豊《やまなすけとよ》は、標高321mの有子山《ありこやま》山頂を天守とする有子山城を築き本拠とした。これが出石城の原型である。

その後、但馬山名氏は毛利氏方についたため、天正8年（1580）の秀吉の第2次但馬征伐で有子山城は落城。但馬国山名氏は滅亡した。

【中世城郭から近世城郭へ】

その後、有子山城主は前野長康を経て、小出吉政となった。小出氏は関ケ原の戦いで、吉政が西軍、弟・秀家は東軍に分かれて戦ったことから吉政の責任は問われず、出石の領地は安堵された。

辰鼓楼。このあたりに大手門があった

吉政の跡を継いだ吉英は、慶長9年（1604）、有子山城の山上の丸および天守部分を廃して、山麓の郭と館を中心に、堀で囲まれた三の丸を築き、下郭、二の丸、本丸、稲荷丸を階段状に整備した。これが出石城である。

本丸から二の丸を見下ろす。東櫓が見える

元禄9年（1696）、小出氏は跡継ぎが亡くなったため改易となり、松平（藤井）忠周《ただちか》が入城。宝永3年（1706）には仙石政明が入城して、仙石氏の居城として明治維新を迎えた。

【櫓や石垣が現存する】

出石城跡には、堀、石垣などが現存する。また隅櫓、登城門・登城橋などが復元されて、堀の周囲一帯が登城橋河川公園として整備されている。大手門跡に建てられた辰鼓櫓は明治4年（1871）の建築。城内では稲荷神社の朱塗りの鳥居のトンネルが印象的。

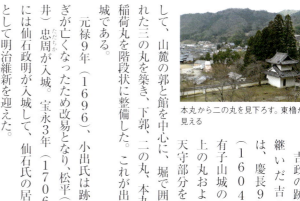

南二の丸から本丸を望む。壮大な石垣が続く

兵庫県（但馬国）

竹田城《たけだじょう》

【兵庫県朝来市／日本100名城】

歴代城主

◆中世城郭、太田垣氏、赤松広秀ほか居城

DATA

営 8:00～17:30（季節によって変動あり。雲海シーズンは早朝4:00から入城できる）
交 JR播但線竹田駅から徒歩40分
P あり（無料）
☎ 079-674-2120（情報館　天空の城）
休 1月4日～2月末休
料 入城料500円

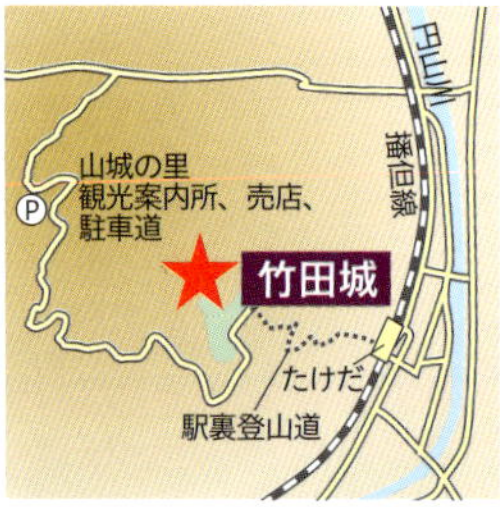

南二の丸の多彩な石垣

●但馬と播磨国境の城

竹田城は、但馬国の南部、播磨国との国境近くにある標高約354mの古城山《こじょうさん》（虎伏山《とらふすやま》）に築かれた山城。播磨と但馬を結ぶ播但道と、丹波から西へ進む山陰道が接する交通の要衝にあり、城をめぐって何度も争奪戦が起きている。

築城に関しては史料が少ないが、嘉吉3年（1443）、但馬の山名持豊が、播磨へ出撃する拠点として築いたのが始まりとされている。山名持豊《やまなもちとよ》は赤松氏の領国だった播磨を手に入れ、但馬・播磨など5ヶ国の守護となり、竹田城には太田垣氏を城主として配した。持豊は後年宗全《そうぜん》と名を改め、晩年は応仁の乱に西軍大将として出陣している

最後の城主は豊臣政権下の赤松広秀《ひろひで》。広秀は関ケ原の合戦の後に自刃し、城主を失った竹田城は慶長5年（1600）、廃城となった。

雲海に包まれた早朝の竹田城を朝来山から見る

●山上の城の石垣群

山名氏の城は土塁や空壕の城だったが、その立地に着目して、豊臣政権が、当時の最高水準の石垣技術を投入して改修を行なった。これが今日目にする、壮大な石垣群を伴った山上の城である。

枡形虎口には馬出を設け、通路が折れ曲がる場所には櫓台が残る。天守台のある本丸を中心に南千畳、北千畳と呼ばれる二つの曲輪を鶴翼《かくよく》のように配置。竪堀も数多く、守りの堅い城になった。

●霧に浮かぶ天空の城

現在の竹田城は、「日本のマチュピチュ」と呼ばれる「天空の城」として知られる。晩秋から冬場の早朝、朝霧の雲海に包まれた城の姿幻想的で、大勢の観光客が訪れる人気スポットとなっている。

本丸跡に現存する坤櫓

兵庫県（播磨国）

明石城《あかしじょう》

【兵庫県明石市／日本100名城】

歴代城主

◆元和3年（1617）〜 小笠原氏10万石	◆慶安2年（1649）〜 松平（藤井）氏7万石
◆寛永9年（1631）〜 松平（戸田）氏7万石	◆延宝7年（1679）〜 本多氏6万石
◆寛永16年（1639）〜 大久保氏7万石	◆天和2年（1682）〜 松平氏6万石

DATA

●明石公園
交 JR山陽本線明石駅から徒歩5分
P あり（有料）
☎078-912-7600（兵庫県立明石公園）
※見学自由

【JRのホームから見える城】

JR明石駅のホームに立つと、高石垣の上に建つ三層櫓が見える。今は明石公園となっている明石城跡に残る、江戸時代の遺構。往時は本丸の四隅に4基の三層櫓が築かれていたというが、そのうち南東隅の巽櫓《たつみ》と南西隅の坤櫓《ひつじさる》の2基が現存し、国の重要文化財に指定されている。

坤櫓は4基のなかで最大の櫓で、伏見城から移築されたものという。明石城は天守が造られなかったためこの櫓が天守の役割を果たしたようだ。

【幕府からの援助で築城】

明石城の築城は、元和5年（1619）。大坂の陣（1614〜1615）で豊臣家を滅ぼした徳川幕府は、天下平定を知らしめるために元号を慶長から元和に改め、武家諸法度の制定や、一国一城令などが定められた。

そうしたなか、2代将軍徳川秀忠が、家康の外孫で明石藩初代藩主の小笠原忠真（忠政）に命じて造らせた平山城が明石城である。幕府が普請の指揮をとり、資金の援助も行われた。

築城工事に際し、明石領内にあった三木城（兵庫県三木市）、船上城《ふなげ》（明石市）などを廃城にして解体し、建築材を転用。坤櫓のように他の城からの移築もされ、着工から完成まで1年足らずという短期の工事を可能にした。そうして築かれた明石城は大坂湾の出入り口に位置する播磨で姫路城を補佐し、外様大名の多い西国諸藩に備えるという重責を担った。

【往時をしのばせる石垣】

現在、明石城跡で見ることのできる遺構は三重櫓のほかに、石垣がある。本丸跡、二の丸跡などの石垣は穴太積。大小の長方形の石を横に並べながら、横線を引くように積み上げるのが特徴。石垣が扇のように反り返る様から扇の勾配と呼ばれ、美しい景観を見せている。

二の丸跡に残る石垣

兵庫県（播磨国）

龍野城《たつのじょう》

【兵庫県たつの市】

隅櫓

歴代城主

- ◆慶長5年（1600）～ 池田氏支城
- ◆元和3年（1617）～ 本多氏5万石
- ◆寛永3年（1626）～ 小笠原氏6万石
- ◆寛永10年（1633）～ 岡部氏5万石
- ◆寛永14年（1637）～ 京極氏6万石
- ◆万治元年（1658）～ 天領
- ◆寛文12年（1672）～ 脇坂氏5万3000石

DATA

●龍野城
交 JR姫新線本竜野駅から徒歩25分
P あり（無料）
☎ 0791-63-0907（龍野歴史文化資料館） ※見学自由。

●龍野城御殿
営 9:00～17:00
休 月曜休
料 無料
☎ 0791-63-0907（龍野歴史文化資料館）

●龍野歴史文化資料館
営 9:00～16:30
休 月曜と祝日の翌日、月末（土日は開館）休
料 入館料200円
☎ 0791-63-0907

【山城から平山城へ】

姫路の西に位置する龍野は、近くを山陽道が通る交通の要衝。龍野城は、標高210mの鶏籠山山頂に築かれた中世の山城をルーツとする。その後、山麓に城主の居館が置かれたが、一時期廃城となる。江戸時代に脇坂氏によって山麓に陣屋形式の城が整備され、城下町も発展した。

最初の山城は、播磨の豪族、赤松村秀によって築かれた。赤松氏はここを拠点に4代続くが、天正5年（1577年）豊臣秀吉に下り、以後、秀吉配下の城として、秀吉家臣の蜂須賀正勝、木下勝俊らが城主をつとめた。

【龍野城主脇坂氏】

関ケ原の合戦後、姫路城主の池田氏の支城となったが、元和の一国一城令の後、徳川譜代の本多政朝が入城。以降、城主は何度か交代する。一時期は天領となって廃城とされたこともあったが、寛文12年（1672）に脇坂安政が5万3000石で入封後は、龍野藩脇坂氏の居城として明治維新を迎えた。

脇坂氏は歴史の表舞台には何度か登場する。「忠臣蔵」で知られる赤穂城の明け渡しの際には4代安照が赤穂城請取の大任を果たしている。10代安董は出石藩仙石家のお家騒動（仙石騒動）に関連し

櫓門。大手門のような趣

石垣と土塁

復元された御殿

て老中に出世した。また、11代安宅は老中在職中に、井伊直弼《なおすけ》が殺された桜田門外の変に遭遇している。

【江戸時代の城郭は小規模な城】

近世城郭として龍野城を整備したのは脇坂氏初代の安政。山麓に石垣と堀で囲まれた曲輪を造成し、御殿や多聞櫓などを建てた。しかし狭い土地で天守もなく、5万3000石の大名の城としては小規模なものだったようだ。藩主の上屋敷は城の西側に別邸として設けられた。上屋敷跡には茶室聚遠亭《しゅうえんてい》が残っている。

【城跡の整備と遺構】

城跡の一帯は神戸地裁や検察庁が建てられているが、それでも現在は多聞櫓、埋門、櫓門、隅櫓、御殿などが再建され、城をめぐる土塀の風景と相まって城跡の風情を漂わせている。

江戸時代からの建造物では、家老門が残る。宝暦2年（1752）の城下町絵図で龍野藩主の「新御屋敷」と記された屋敷の表門だ。屋敷は昭和32年（1957）に火災で失われたが、門のみが往時の姿をとどめている。なお、南へ3㎞ほど離れた市内揖保川《いぼがわ》町の因念寺には、大手門が移築されて同寺の山門になっている。

龍野城で目を引くのは打込はぎの石垣に建つ隅櫓。二重櫓で、時代考証に基づく復元建築ではないが、唐破風や石落、白漆喰壁が美しい。

埋門跡に再建された櫓門

復元御殿の上段の間

御殿は、史料を参考に再建されたもの。唐破風をもつ式台玄関のある前御殿と、上段の間がある後御殿を回廊で連結した建物。書院造りの上段の間では筬《おさ》欄間《らんま》の造作がみごとだ。

近くの龍野歴史文化資料館では古代から近世までの歴史資料などを展示している。

赤穂城《あこうじょう》

【兵庫県赤穂市／日本100名城】

本丸門

歴代城主

- ◆慶長5年（1600）～ 池田氏居城 姫路藩支城
- ◆慶長18年（1613）～ 池田氏居城 岡山藩支城
- ◆元和元年（1615）～ 池田氏3万5000石
- ◆寛永8年（1631）～ 池田氏3万5000石
- ◆正保2年（1645）～ 浅野氏5万3500石
- ◆元禄15年（1702）～ 永井氏3万3000石
- ◆宝永3年（1706）～ 森氏2万石

DATA

●赤穂城跡公園
交 JR赤穂線播州赤穂駅から徒歩20分
P あり（無料）　※見学自由。
☎ 0791-43-6962（赤穂市教育委員会文化財係）

●赤穂城跡本丸・二之丸庭園
営 9:00～16:00
休 無休
料 無料
☎ 0791-43-6962（赤穂市教育委員会文化財係）

【忠臣蔵ゆかりの城】

赤穂城は、「忠臣蔵」の浅野内匠頭《たくみのかみ》の居城である。元禄14年（1701）3月、赤穂藩主浅野内匠頭長矩《ながのり》が江戸城表御殿で高家《こうけ》筆頭吉良上野介義央《こうずけのすけよしなか》に刃傷事件に及び、浅野長矩は切腹、浅野家は断絶。赤穂城は明け渡し。そして、筆頭家老だった大石内蔵助《くらのすけ》良雄ら四十七士による本所吉良邸への討ち入り。「元禄事件」を題材にしたこのドラマによって、播州赤穂の地名は、多くの人々に知られてきた。現在も赤穂では忠臣蔵の話題が目立つ。

浅野家断絶後、永井氏を経て、幕末まで163年にわたって領主を務めたのは森氏。織田信長の家臣として武功をあげた森長可《ながよし》に連なる名門の家柄である。

【山鹿《やまが》流の築城】

近世城郭としての赤穂城を完成させたのは浅野氏初代の長直《ながなお》である。長直は正保2年（1645）に入封するとその後築城工事に着手した。それまでの城は塀をめぐらせただけの簡素なものだったらしい。家老で甲州流軍学者でもあった近藤正純の縄張で工事は始められ、工事の途中で長直は江戸から兵学者の山鹿素行を招いて指導をあおいだ。こうして13年の歳月をかけて山鹿流の城として完成した。

本丸を石垣と水堀で囲み、その周囲を二の丸が取り囲む。二の丸も石垣と水堀で守りつつ、二の丸南側は水手門を置いて海からのアクセスを容易にし、北側から西側にかけては三の丸を配置するという独特の縄張となっている。

【復元が続く城跡】

城跡では昭和57年（1982）から発掘調査が始まり、調査結果をもとに現在も復元工事が進められている。一連の整備は古写真や古絵図、発掘資料などを参考に、石垣に赤穂産の花崗岩を用いて、

大石良雄宅跡長屋門

三の丸大手口

旧大石内蔵助屋敷庭園

大石内蔵助像

国産材などにもこだわった復元が行われている。本丸門、本丸庭園、本丸堀や石垣、諸門などのほか、三の丸大手門枡形などが整備され、二の丸庭園の整備は今も進行中である。

【三の丸隅櫓と大手門】

昭和30年（1955）、大手高麗門とかたわらの三の丸隅櫓が最初に再建された。本来の大手門は枡形門で、太鼓橋を渡ると高麗門、枡形、渡櫓門という構成だった。

【大石良雄宅跡長屋門】

三の丸にあった大石内蔵助良雄の屋敷跡に長屋門が残っている。長屋門の内側は大石神社になっており庭園も残る。神社には義士宝物殿がある。

【天守台の残る本丸】

本丸には天守台は築かれたが天守は建てられず、御殿が置かれた。枡形門形式の本丸門をくぐると御殿の平面再現がされている。御殿跡の奥が本丸庭園で、かたわらに天守台がある。

【水手門】

赤穂城が水城だったことを示す遺構で、船着雁木が復元されている。当時、水手門の南側は瀬戸内海だった。

また、三の丸の北側は海水を引き入れた堀で城外と隔てられており、城外とは橋で結ばれていた。

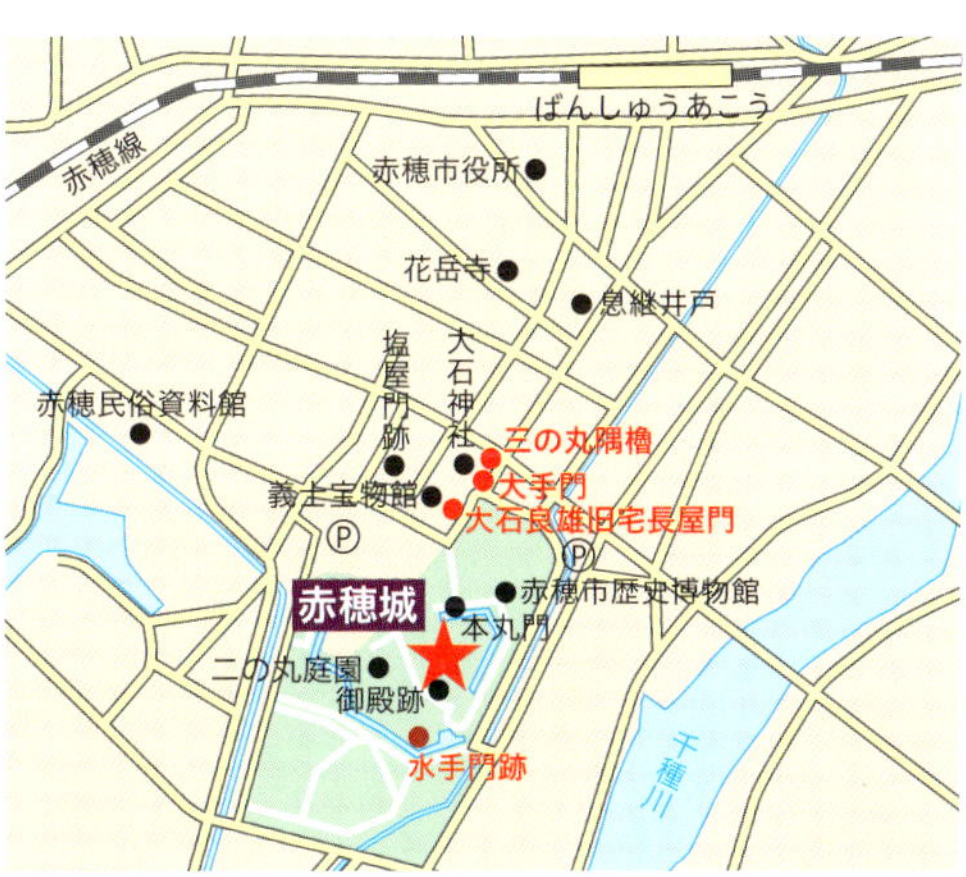

三の丸広場から見た大天守

兵庫県（播磨国）

姫路城《ひめじじょう》

【兵庫県姫路市／日本100名城】

歴代城主

- ◆慶長5年（1600）～ 池田氏52万石
- ◆元和3年（1617）～ 本多氏15万石
- ◆寛永16年（1639）～ 松平氏（奥平）18万石
- ◆慶安元年（1648）～ 松平氏（結城）15万石
- ◆慶安2年（1649）～ 榊原氏15万石
- ◆寛文7年（1667）～ 松平氏（結城）15万石
- ◆天和2年（1682）～ 本多氏15万石
- ◆宝永元年（1704）～ 榊原氏15万石
- ◆寛保元年（1741）～ 松平氏（結城）15万石
- ◆寛延2年（1749）～ 酒井氏15万石

DATA

●姫路城跡・三の丸広場など
交 山陽新幹線姫路駅から徒歩15分
P あり（有料）　※見学自由。
●姫路城
営 9:00～16:00（4月27日～8月31日は～17時）
休 12月29日～12月31日
料 1000円（姫路城と好古園の共通入場券1040円）
☎ 079-285-1146（姫路城管理事務所）

【別名は白鷺《はくろ》城】

姫路城は標高46mの姫山の頂上に建つ。天守閣の高さ31・5m、天守台の石垣が14・8mで、合わせると高さ46・3mにもなる壮大な城だ。別名は「白鷺城」。総漆喰で塗込めた白亜の外観が白鷺の美しさにたとえられてこの名がある。

かつては天守曲輪を中心に二の丸・西の丸・三の丸などが内堀で囲まれ、その外側に中堀、さらに外堀と3重の堀が取り囲み、城下町の一部も城内に取り込むような巨大な総構えを見せていた。その大半は市街地化しているが、内堀の内側（内曲輪）は石垣や建造物などがほとんど往時のままに残っている。内曲輪だけでも約7万坪（約23万㎡）に及ぶ広大さだ。大天守をはじめ国宝建造物は8棟、重要文化財は74棟。日本の城郭としては唯一、単独で世界遺産に登録されている。

【羽柴秀吉の城】

姫路城が最初に建てられたのは、南北朝時代の初期、貞和2年（1346）。この当時は城といっても天守はなく、どちらかといえば砦のような存在だったと思われる。当時の城主は赤松貞範《さだのり》だった。赤松氏の滅亡後、応仁の乱を経て、赤松氏の家臣の小寺氏の時代があり、その後、播磨国の支配者は羽柴秀吉（後の豊臣秀吉）となる。

秀吉は姫路城に三層の天守閣を築いた。このときの姫路城は、中国地方に勢力を誇っていた毛利元就の軍勢に対する軍事拠点となった。その後秀吉は大坂に城を築いて移り、姫路城は秀吉の妻、北政所の兄である木下定家が城代となっていた。

【池田輝政《てるまさ》が整備】

慶長5年（1600）、関ケ原の合戦によって豊臣方の勢力は著しく弱まっていく。姫路城も徳川家康に組みした池田

西の丸百間廊下

菱の門は、桃山建築を思わせる意匠。伏見城から移築されたとの伝承もある

2階部分が多門となっている、「に」の門

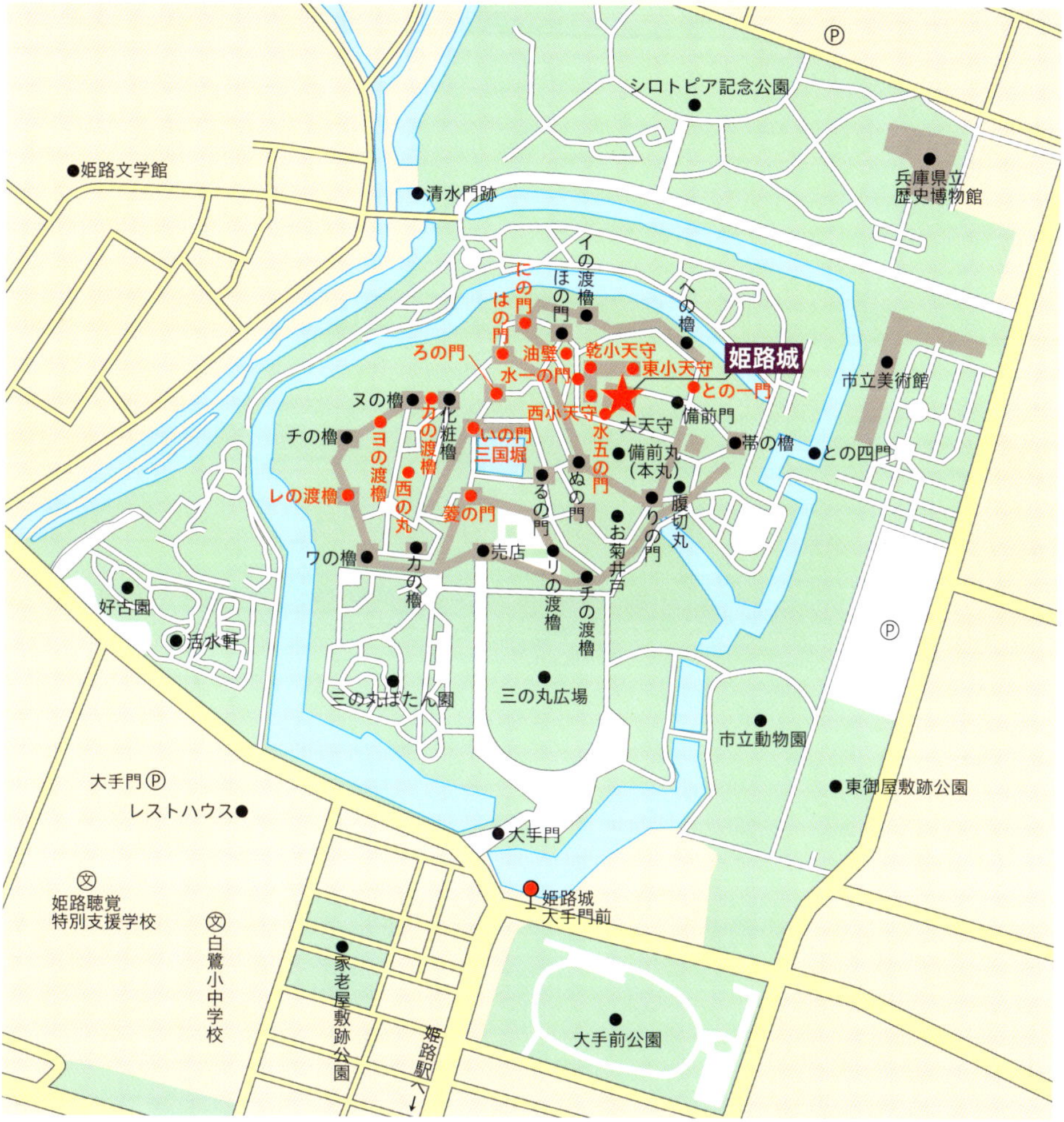

西の丸長局の犬走

輝政の支配する城となった。

池田輝政も、戦国の世で数奇な運命に翻弄された武将だ。もともとは豊臣秀吉の家臣で、秀吉の時代には美濃国の領主であった父・池田恒興《つねおき》のもと、徳川家康と戦っている。しかし秀吉の仲介で徳川家康の娘である督《とく》姫を妻に持つことになり、これが結果的に池田輝政の運命を大きく変えることになる。輝政は家康の娘婿として関ケ原の合戦では東軍として戦功をあげた。

輝政の任務は岐阜城攻略。これも歴史のいたずらか、岐阜城は、数年前まで自らが城主であった城。それだけに攻略もたやすく、この戦功によって輝政は播磨国に広大な領地を与えられた。

輝政は姫路に入城後、8年の歳月をかけて姫路城の整備にとりかかる。現在見られる姫路城の基本的な姿はこのときに完成されたものだ。こうして、秀吉の時代に毛利氏をけん制する城だった姫路城は、徳川家康の娘婿が守る豊臣方の西国諸大名への防衛拠点になり、その結果、西国の城としては有数の規模を誇る大城郭になったのである。

【本多忠刻と千姫】

池田氏が因幡に転封後、姫路城を与えられたのは伊勢・桑名藩の本多忠政。元和元年（1615）の大坂夏の陣の後、息子である忠刻のもとへ徳川家康の孫娘である千姫が嫁いだことが大きな理由となった国換えだった。このときの千姫の輿入れの持参金は10万石といわれ、この金で姫路城に新たに築かれたのが西の丸に残る櫓や多門だ。

本多氏は寛永16年（1639）に転封となり、その後、姫路城の城主は松平氏、榊原氏、本多氏、酒井氏などと親藩、譜代大名が交代して入り、徳川幕府の関西諸侯対策の要として位置付けられてきた。

【菱《ひし》の門】

二の丸と三の丸を隔てる。門の冠木に花菱紋が掲げられているのでこの名がある。2階には火灯《かとう》窓があっていかにも桃山建築風だが、日本の城郭で城門に火灯

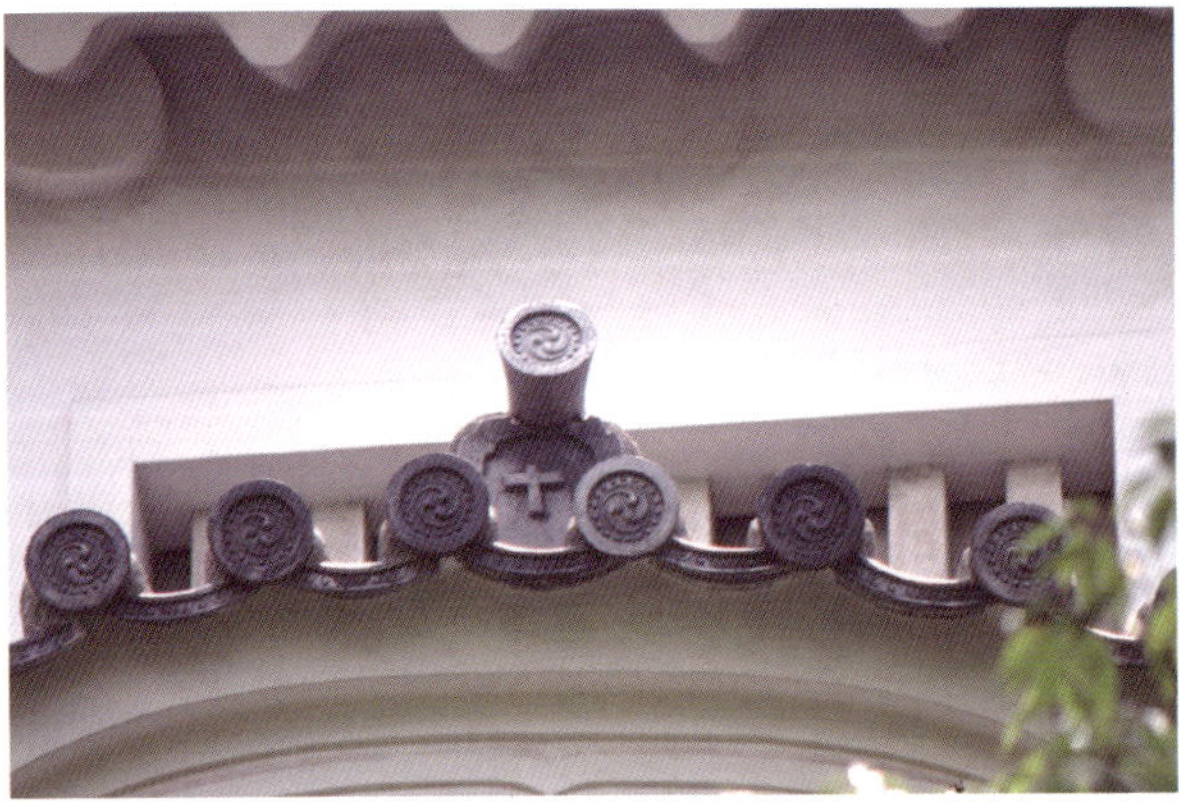
「に」の門多門櫓の十字架紋。黒田孝高によるものと思われる

窓があるのは唯一ここだけ。

【三国堀】

菱の門をくぐると右手前方にある方形の堀。いわゆる捨堀で、敵が侵入した場合に阻むことはできないが、この堀によって通路が狭められており、前方の「い」の門に侵入者を誘導する役割を果たす。ちなみに天守への近道はこの堀の前で右手へ進んで「る」の門へ向かうルートだが、この堀の存在が右手へ進みにくくさせている。

【西の丸】

三国堀から正面の「い」の門へ向かわず左のスロープを上がっていくと左手に武者溜《むしゃだまり》があって、その先が西の丸。ここは千姫のために造られた部分。千姫が輿入れする以前は小高い丘の出城で、丘の頂上部分を削って平坦にして造られた。

「ろ」の門からはの門への通路。奥に小天守が見える

「へ」の門の鬼瓦。ここは鬼門にあたるため、鬼門除けとして打出の小槌が入れられている

大天守の庇は微妙にずれていて、これが天守の独特の美しさとなっている

水五の門。天守曲輪の防衛線になるため、上部に二層の多門を備え守りを固めている

【西の丸渡櫓】

西の丸の西側を防衛する多門櫓。千姫化粧櫓のほか5ヶ所の付櫓があり「カ」「ヨ」「タ」「レ」の呼び名が付けられている。内部は百軒廊下と呼ばれる長廊下で、このうち「レ」の渡櫓以外は長局がある。「ヨ」の渡櫓の廊下の片側には千姫の侍女たちが使用した小部屋が並ぶ長局になっている。また渡櫓の外側には犬走がある。

【「い」の門、「ろ」の門】

菱の門から天守閣にいたる表の道の門。高麗門形式で、「ろ」の門の先で西の丸からのルートと合流する。

【「は」の門、「に」の門】

「ろ」の門をくぐって大天守を正面に眺めながら進むと「は」の門。菱の門の内側の警備の要だ。門の石垣には石灯籠の土台などの転用材も見られる。

その先の「に」の門へは、Uターンを

して進むようになる。こうした複雑な縄張りのため、進んでいるにも関わらず、天守が正面に間近に見えたり、遠ざかったりと迷路のようになっていることを実感できる。

【水の門】

「水一の門」「水二の門」「水三の門」と連続して続き、次第に下っていく。天守閣は高い位置にあるので、遠ざかるような印象を侵入者に与える複雑な構成。「いろは」ではなく「水」の文字を冠しているのは、北腰曲輪にある井戸から天守へ水を運ぶルートということと思われるが、また火災除け祈願の意味もあるだろう。水の門は「四の門」で天守曲輪に入り、「五の門」で天守内部に入る。

「る」の門。埋門形式になっている

【油壁《あぶらかべ》】

「ほ」の門をくぐるとすぐ右手にあり、その右にある水一の門を隠すように設けられているため、侵入者は直進方向へ誘導される。直進方向は腰曲輪から搦手門へ向かい、天守とは逆方向だ。ちなみに姫路城内の壁は白漆喰で塗りこめた壁がほとんどだが、この壁だけが唯一、粘土に豆砂利を混ぜた茶色の壁になっている。秀吉時代の築城の名残とも、あるいはこの形式の壁は神社仏閣に多いので、かつて城内の鎮守が祭られていた名残ともいわれている。

【との一門】

搦手口の門は「と」の門と呼ばれ、「と」の一門と「と」の二門は枡形を造っている。このうち「と」の一門は白漆喰ではなく羽目板張りの櫓門。中世の播磨で勢力を誇っていた赤松氏の居城だった置塩城の櫓門を、秀吉の時代に移築したものという。

【天守】

大天守と東小天守、乾小天守、西小天守が渡櫓で結ばれたいわゆる連立式天守閣。このため外観は見る場所によって変化に富み、美しい。

大天守の外観は5層だが、実際は地上6階、地下1階で7階になっている。地階には流し台、厠（トイレ）など、籠城に備えた設備もある。また、最後の最後まで抵抗を試みるということなのだろうか、武者隠なども興味深い。大天守最上階は書院造りになっていて、竿縁天井や舞良戸が採用されている。

壮大な後期望楼型天守を地階から3階の床下まで貫いて支えているのは東西2本の大柱。太いところでは直径1m近い太い柱である。この柱のうち、西大柱は3階で2本継ぎになっている。

天守内部と小天守、渡櫓には姫路城跡からの出土品などさまざまな展示がなされている。

天守地階にある流し台。城郭内にこうした設備があるのは珍しい

海を見下ろす標高133mの山上に建つ

兵庫県（淡路国）

洲本城《すもとじょう》

【兵庫県洲本市/続日本100名城】

歴代城主

中世城郭、安宅氏居城
◆天正13年（1585）～
脇坂氏居城
◆寛永12年（1635）
蜂須賀氏家老の稲田氏により統治

DATA

□。
🅧東海道新幹線新神戸駅または三ノ宮駅から高速バス1時間30分洲本高速バスセンター下車、徒歩40分で登城
🅟あり（無料）
☎0799-25-5820（洲本観光案内所）※見学自由

【熊野水軍の安宅氏が築城】

大永6年（1526）、三好氏の重臣で熊野水軍の頭領である安宅治興《あたぎはるおき》が築城。安宅氏は、最初に由良《ゆら》（淡路島・洲本市）に城を築き、そこを本拠地として淡路島内8ヵ所に築城をし、淡路水軍の拠点とした。そのうちの一つが洲本城である。

天正9年（1581）、織田信長が淡路島を攻略。洲本城は開城した。

【脇坂氏による大改修】

その後、淡路国には脇坂安治《わきざかやすはる》が入る。安治は淡路水軍を吸収。洲本城を改修して水軍の本拠地とし、豊臣水軍の中核を形成した。この水軍は、後の小田原攻めで海上封鎖を行い戦果を挙げるのだ。

脇坂安治は、慶長14年（1609）までの24年間の在城中、天守の造営、石垣の大改修など多くの増改築を行った。現在見られる石垣の多くは、脇坂時代に造られたもの。なかでも、倭《わ》城《じょう》での経験から築いたと思われる「登り石垣」は、洲本城の特徴でもある。

複雑な組み合わせの石垣

本丸付近の石垣

【淡路国の政治・文化の中心に】

元和元年（1615）、淡路国は阿波徳島藩主である蜂須賀至鎮《はちすかよししげ》の所領となる。由良城代となった蜂須賀家家老の稲田氏は、寛永8年（1631）から4年間をかけて由良城を廃し、洲本城に再び本拠を移した。この移転は城下町全体を含む大掛かりなもので、「由良引け」と呼ばれる。洲本城は淡路政庁と定められ、明治維新まで稲田氏が城代を務めた。

城跡には明確な縄張が確認でき、搦手につながる西登り石垣をはじめ多数の石垣が遺るほか、展望台を兼ねた模擬天主も建てられている。一帯は国指定史跡。

金沢城《かなざわじょう》

【石川県金沢市／日本100名城】

石川門と二重櫓。なまこ壁が優美な印象。防火と、雪の湿気を防ぐ役割がある

歴代城主

◆慶長5年（1600）～
前田氏120万石

DATA

●金沢城公園
営7～18時（10月16日～2月は8時～17時）
休無休
料無料
交JR北陸本線金沢駅からバス10分兼六園下・金沢城下車、徒歩5分
休なし
☎076-234-3800（金沢城・兼六園管理事務所）

●菱櫓・五十間長屋・橋爪門続櫓・橋爪門
営9時～16時30分（最終入館16時）
休無休
料入場料310円
☎076-234-3800（金沢城・兼六園管理事務所）

●兼六園
営7～18時（10月16日～2月は8時～17時）
休無休
料入場料310円
☎076-234-3800（金沢城・兼六園管理事務所）

●成巽閣
営9～17時
休水曜休(祝日の場合は翌休)
料見学料700円
☎076-221-0580

【前田利家の築城】

金沢は、もともと城郭があった土地ではなかった。中世の金沢は、徳川家康をはじめ有力大名を悩ませた一向一揆の本拠地のひとつ、尾山御坊《おやまごぼう》のあったところ。この尾山御坊は天正８年（１５８０）、織田信長の命を受けた柴田勝家と佐久間盛政連合軍の攻撃によって陥落した。

その御坊跡の領主として豊臣秀吉によって封じられたのは前田利家。天正11年（１５８３）のことであった。利家は石垣や堀などの整備を開始するが、この時期は越中の佐々成正《さっさなりまさ》の加賀侵攻を警戒して国境警護に追われ、秀吉の九州遠征に出陣もしており、築城に専念できていたわけではないようだ。それでも近年の研究では天正14年（１５８６）には天守の築造が行なわれていたとされているが、本格的な城郭が完成していたかどうかは定かでない。

【キリシタン大名高山右近の縄張】

天正15年（１５８７）、利家はキリシタン大名の高山右近を客将として加賀に招く。右近は播磨国船上城の城主だったが改宗しなかったことから秀吉に城を取り上げられていたのだった。右近は築城の名手として知られており、利家は右近と協力して金沢城の築城整備を行なった。このときの縄張はおよそ６町（約６４８ｍ）四方に及ぶ広大なものだったという。

前田利家が慶長４年（１５９９）に亡くなった後も高山右近は前田家に仕え、利家の嫡男利長と協力してさらに城郭の整備を続けた。城郭を取り巻く内堀や大手門、二の丸、三の丸、東の丸などの曲輪は高山右近によるものだ。

右近はその後、徳川家康のキリシタン禁令によって国外追放となり、マニラに渡って病死した。

菱櫓は高さ17m。宝暦9年（1759）の大火以降は天守のような役割を果たしていたという

石川橋から見た石川門

石川門の枡形石垣。左が打込はぎ、右が切込はぎ

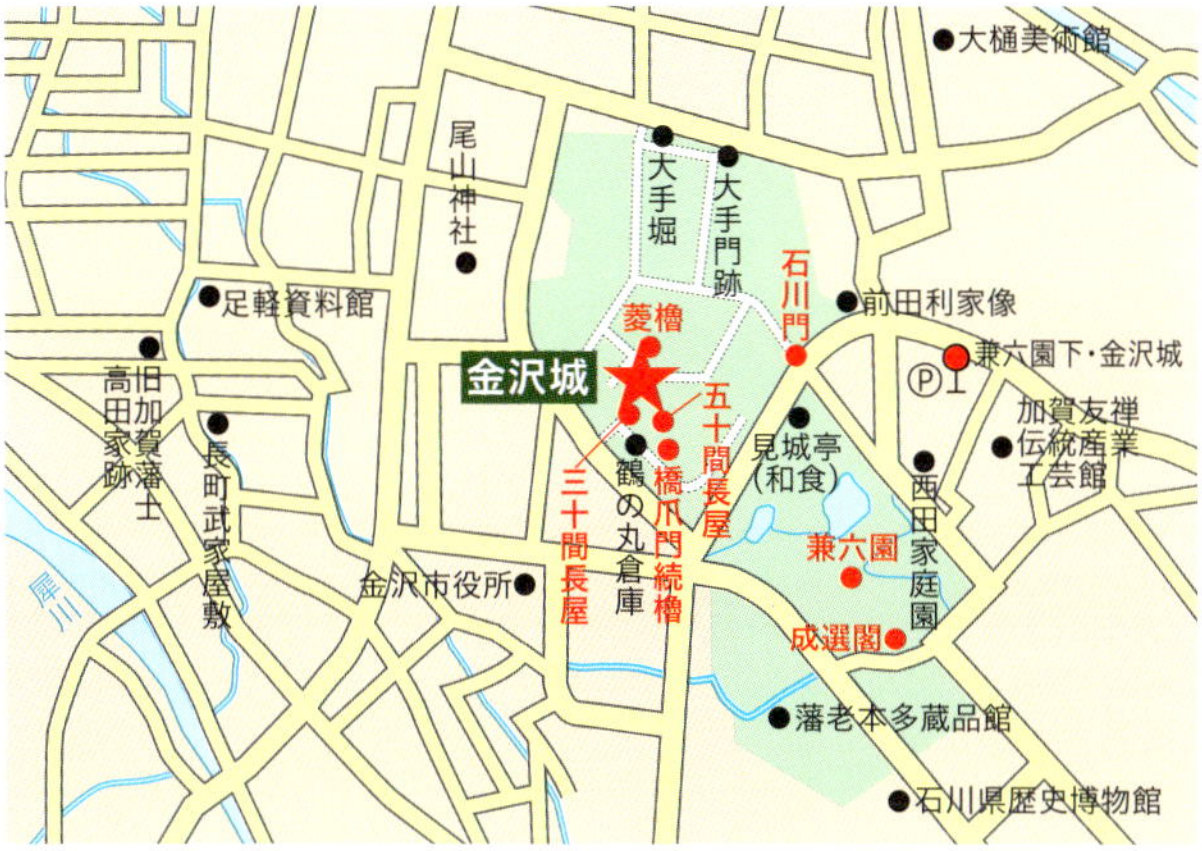

【城下町金沢の特殊な事情】

前田利家は城下町の整備にも苦心を重ねた。なにしろ金沢は少し前まで一向一揆の本拠地だったのだ。商人などの住人はほとんどが一向宗徒であると考えていい。そこで利家は利家の郷里である尾張国（愛知県）から住民を移住させて尾張町を造り、また諸国から職人や商人を移住させて、鍛治町、米町、塩屋町などの業種別の町を造った。これによって、城下町の中心は旧来の地域から新設された町に移り、一向宗徒だった旧住民たちの経済力をそいだ。反面、経済力の落ちた旧住民たちの町を「本町」と呼び、税の免除などの特権を与えるなどの融和策も行なった。こうしたことが功を奏し、金沢は北陸最大の都市へとなっていくのである。

【加賀百万石の礎を築いた女性たち】

加賀前田家を守った最大の功労者といえば、前田利家の正室「まつ」、後の芳春院だろう。謀反の疑いをかけられたわが子利長と前田家を守るため、芳春院は江戸で人質生活を送ることになる。芳春院の人質生活は15年にも及び、利長のほうが先に死去することになった。

芳春院が人質になると同時に徳川秀忠の娘・珠姫《たまひめ》が、利長の息子利常のもとへ輿入れする。といっても利常はこのとき数え7歳。珠姫は数え3歳、まだオムツも取れたかどうか、という年齢だった。

芳春院が許されて加賀に戻ったとき、

領主は3代利常になっていた。徳川ゆかりの姫を妻にした利常は徳川との結びつきをより深め、前田家の地盤はより磐石になっていくのだ。

【火災と再建を繰り返した城】

金沢城は3代利常の時代に外堀と枡形を設けるなど何度か改築を受けている。元和6年（1620）には城が全焼する火事もあった。以後、金沢城は何度か焼失と再建を繰り返した。最後の大火は明治14年（1881）。これによって城内の建物の大半が焼失、その跡地には第9師団が置かれ、その後は金沢大学のキャンパスとなっていたが、金沢大学が平成7年（1995）に移転。跡地が金沢城公園として整備された。

【石川《いしかわ》門（重要文化財）】

現在は金沢城公園の正面入口となっている印象の石川門。慶長年間（1596～1615）の築城当時から存在したが、これはそもそもは搦手門、つまり裏口だった。現在の建物は天明8年（1788）の再建。門のすぐ前に橋があり、その下が道路になっているがこれがかつては蓮池堀だった。

門は高麗門と枡形、渡櫓門からなる枡形門で、かたわらに二重櫓を設けて警備を厳重にしている。日本のほかの城郭と比較しても、搦手門としてはかなり規模の大きなもので、加賀百万石の実力を感じさせる。また、初層の壁面は平瓦を貼り付けたなまこ壁になっているが、これは金沢城の建造物の外観上の大きな特徴となっている。

枡形の石垣は、高麗門を入った左手、二重櫓を支える石垣が打込はぎ、正面の多門と右手の渡櫓のものは切込はぎ。明和2年（1765）の改修時のものというが、同じ時期に築かれた石垣が技法が異なるのは珍しい。二重櫓の石垣は蓮池堀の石垣につながっており、これにあわせたものとも考えられる。

【菱《ひし》櫓・五十間長屋・橋爪《はしづめ》門と続櫓】

石川門を入ると三の丸で、三の丸と二の丸を隔てる形でこれらの建造物がある。本来は「千畳敷の御殿」と呼ばれた二の丸の付帯建造物。いずれも平成13年（2001）の再建だが、釘を1本も使

五十間長屋、菱櫓

前田利家像

橋爪門と続櫓

わず、また屋根瓦は金沢城独特の鉛瓦《なまりがわら》（木製の瓦の表面に薄い鉛板をかぶせたもの）を用いるなど、時代考証に基づいて、ほぼ昔日の姿に復元された。ちなみに鉛瓦は有事の際には鉄砲の弾として鉛を利用するためとの説もあるが、雪下ろしの手間を省くなど、厳冬期の積雪に対するメンテナンスフリーを意図したというのが近年の考えのようだ。

【三十間長屋（重要文化財）】

本丸の西側に安政5年（１８５８）に建てられた2層2階の多聞櫓で、武器などの倉庫として使われていた。本丸の側はシンプルな外観だが、本丸の外側は大きな千鳥破風と2つの唐破風で飾られている。城下からの眺めを意識したためという。

河北門の渡櫓門。左手前に高麗門

【兼六園】

後楽園（岡山県岡山市）、偕楽園（茨城県水戸市）と並んで日本三名園のひとつに数えられる日本庭園。金沢を代表する名所となっている。庭園は5代藩主前田綱紀が蓮池庭を造ったのが始まりとされるが、整備はその後も続けられ、今日の姿の原型が完成したのは約１８０年後という。

庭園の名称となった「兼六」は、「宏大」と「幽邃」、「人力」と「蒼古」、「水泉」と「眺望」という、それぞれ相反する特徴を兼ね備えた、という意味で、中国宋代の書によるもの。

【成巽閣《せいそんかく》】

13代藩主前田斉泰が、文久３年（１８６３）に12代藩主斉広夫人の真龍院のために建てた御殿。全国でも数少ない大名奥方御殿である。

建物1階は武家風の書院造だが、2階は数寄屋造。ギヤマンをはめ込んだ雪見障子、柱を立てない「つくしの縁側」など、奥方御殿らしい繊細な美しさを感じさせる建物だ。

石川県　能登国

七尾城《ななおじょう》

【石川県七尾市／日本100名城】

調度丸から桜馬場に向かって連続する石垣

歴代城主

中世城郭、畠山氏・上杉氏・前田氏居城

DATA

交 JR七尾線七尾駅から市内巡回バスまりん号13分城史資料館前下車、徒歩1時間

P あり（無料）

☎ 0767-53-8437（七尾市スポーツ・文化課）

※見学自由

【七つの尾根に展開する巨大な山城】

七尾城は、能登国守護の畠山《はたけやま》氏によって、大永5年（1525）ころまでに築かれたと考えられている。その後拡張、増強され、以後約150年間にわたり能登畠山氏の領国支配の本拠となった。

城は七尾湾を一望する石動山系の北端にある標高313mの城山にあり、その尾根から枝分かれする複数の尾根に数多くの砦を配置した巨大かつ堅固な山城。「七尾」という名は城が展開する七つの尾根に由来した名という。

七尾城は堅固な守りの城だったが、疫病の流行と、内応者の出現で上杉謙信が攻略。その後、天正10年（1582）には織田信長から能登を与えられた前田利家が入城したが、利家は平地の小丸山《こまるやま》城に居城を移し、七尾城は廃城となった。

【複雑な縄張と大規模な石垣】

城の遺構としては大規模な石垣が残されている。石垣は自然石を使用した野面積みが多く、2m程度の低い石垣を数段に積み上げている。中世の山城でこれだけ石垣を多用する例は珍しい。石垣は畠山氏が築造し、前田氏が改修したと思われる。

縄張は非常に複雑。散策コースのスタートとなる調度《ちょうど》丸から登っていくと桜馬場。ここから東に遊佐《ゆさ》屋敷、本丸。本丸の東には独立した曲輪で長屋敷。桜馬場から西には西の丸、北には温井《ぬくい》屋敷、二ノ丸が続き、二の丸の北には大堀切を隔てて三の丸がある。各曲輪が連携できるように連絡路が設けられ、迷路のようだ。日本五大山城の一つとされ、国の史跡に指定されている。山麓には七尾城史資料館がある（入館料200円）。

本丸北側の石垣は3段になっている

本丸跡に鎮座する城山神社

石川県（加賀国）

鳥越城《とりごえじょう》

【石川県白山市／続日本100名城】

歴代城主

中世城郭、加賀一向一揆衆の軍事拠点

本丸枡形に通じる枡形門。奥に本丸虎口の櫓がある

DATA

交 北陸本線小松駅からバス32分三坂下車、徒歩45分。同駅からタクシーだと約30分。
P あり(無料)
☎ 076-274-9579（白山市文化財保護課）※見学自由

【加賀一向一揆の軍事拠点】

石川県白山市の大日川と手取川の合流点に位置する標高３１２ｍの鳥越山の丘陵先端部に築かれた山城。

天正元年（１５７３）、武田信玄、朝倉義景、浅井長政といった大名が没し、織田信長の勢力が拡大。これにより加賀一向一揆衆に危機感が高まり、鈴木出羽守重泰によって軍事拠点として築城された。

【織田と加賀一向一揆の戦いの舞台】

この鳥越城を攻め落としたのは織田方の柴田勝家軍。天正８年（１５８０）11月に加賀から安土城へ届けられた一向一揆衆の首謀者19名の首級のなかに鈴木出羽守とその子ら右京進、次郎右衛門、太郎といった名が記されており、鳥越城はこのころに陥落したらしい。

本丸南側の中の丸。柵列、馬屋、中の丸門が復元されている。左奥が二の丸

天正９年（１５８１）、一向宗白山麓門徒が鳥越城を急襲、城を奪還するが、すぐに奪い返され、その後は門徒衆３００余人が磔《はりつけ》、周辺の７ケ村を根絶やしにするなど徹底的な鎮圧が信長によって行われ、加賀一向一揆は終焉を迎えた。

【加賀一向一揆と織田の遺構が残る】

鳥越城は、東西約４００ｍ、南北約１２００ｍに及ぶ山城で、山頂にある本丸を中心に南北に５ヶ所の主要な郭と３ヶ所の腰曲輪から構成されていた。

城跡には土塁、空堀、曲輪が現存し、櫓門、門、石垣、柵列が再建されている。遺構は、一揆勢によるものと織田軍改修の時期のものがある。虎口の石垣はすべて織田軍が築いたものである。

山麓の道の駅一向一揆の里に鳥越一向一揆歴史館（入館料３００円）がある。

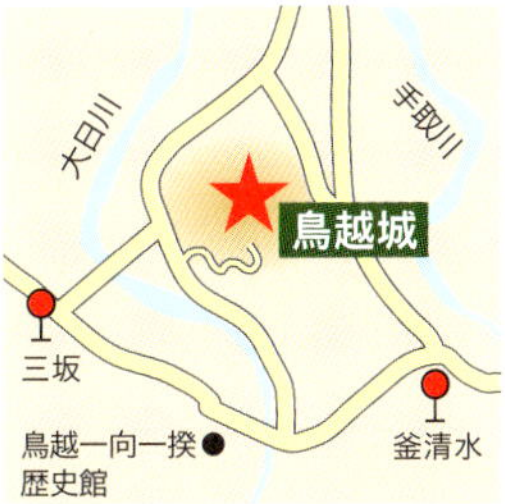

丸岡城《まるおかじょう》

【福井県坂井市／日本100名城】

重要文化財の天守

歴代城主

◆慶長6年（1601）～
今村氏（城番・北庄城支城）
◆慶長18年（1613）～
本多氏（越前松平氏付家老）
◆寛永元年（1624）～
本多氏4万6000石
◆元禄8年（1695）～
有馬氏5万石

DATA

●霞ヶ城公園
交 JR北陸本線福井駅から本丸岡方面行きバス約35分の丸岡城下車、徒歩すぐ
P あり
☎ 0776-66-0303（霞ヶ城公園管理事務所）

●丸岡城天守
営 8:30～17:00
休 無休
料 450円（丸岡歴史民俗資料館、「一筆啓上 日本一短い手紙の館」と共通）
☎ 0776-66-0303（霞ヶ城公園管理事務所）

【現存最古の天守】

福井平野の小高い丘に築かれた平山城。現在、城跡の本丸一帯は霞《かすみ》ヶ城公園となっており、園内に建つ2層3階の天守は、全国に現存する12カ所の天守のなかでも最古といわれる貴重な文化財だ。

明治維新で全国の城の多くが払い下げられて破却の運命をたどり、丸岡城も大半の建造物が取り壊しとなった。しかし、天守だけは残り、明治34年（1901）に丸岡町（当時）の所有となった。

【福井大地震による倒壊と再建】

昭和23年（1948）6月、福井大地震で天守が倒壊した。被災後は3階の屋根の原形をわずかにとどめる程度であったというが、昭和25年に文化財保護法が定められ、国の重要文化財に指定されたことから復元事業がスタート。倒壊前の古い建材などを使って再建され、昭和30年に往時の姿に再生されたのだった。

【柴田勝豊が築城】

丸岡城は、天正4年（1576）に柴田勝豊によって築かれた。勝豊は織田信長に仕えた武将、柴田勝家の甥にあたる。当初は勝家の北庄城（福井市）の支城という位置づけだった。本能寺の変で信長が討たれると勝豊は近江長浜城主となり、丸岡城には城代の安井家清《いえきよ》が入った。しかし、柴田氏は天正11年（1583）の賤《しず》ヶ岳の合戦で羽柴秀吉に敗れ滅亡。越前は丹羽長秀の領地となり、丸岡城には丹羽氏城代として青山宗勝が入城した。

丹羽氏は関ケ原の合戦で西軍方についたため所領は没収され、北庄城には徳川

出格子の石落

笏谷石《しゃくだにいし》の瓦

家康の次男結城秀康《ゆうきひでやす》が入城し、家臣の今村盛次が丸岡城主となった。その後、本多成重《なりしげ》が城主となり、寛永元年（1624）に福井藩から独立して丸岡藩が成立。本多氏4代ののち、有馬氏が8代続き明治維新にいたった。

【「一筆啓上」の手紙文】

現在、丸岡城跡は天守の建物のほか、わずかに石垣が残るのみ。天守台石垣の近くには「一筆啓上　火の用心　お仙泣かすな　馬肥やせ」と刻んだ石碑が建つ。これは徳川家康の重臣・本多作左衛門重次が陣中から家族に送った書簡文である。短い文章で大切なことをわかりやすく伝えている手紙文として有名だ。「お仙」とは、息子の仙千代のこと。のちの丸岡城主本多成重（前述）だ。慶長18年（1613）、福井藩主松平忠直（結城秀康の子）を付家老として補佐し、忠直改易後に大名となり、丸岡城主となった。

【天守（重要文化財）】

天守は2層3階の望楼式。平屋建ての入母屋の建物の上に望楼を載せるという初期の建築法で建てられた。壁の狭間は高低差がつけられている。3階からは丸岡市街や福井平野を一望できる。

天守の屋根瓦は福井市の足羽山で採掘された特産の笏谷石で造られている。枚数は約6000枚、総重量は120トンに及ぶ。

【歴史民俗資料館】

霞ヶ城公園内の歴史民俗資料館には丸岡城主ゆかりの史料が展示されている。

天主内部。急峻な階段を上り、3階へ

石の鯱

朝倉館《あさくらやかた》

【福井県福井市／日本100名城】

館跡入口の唐門

歴代城主

◆中世城郭、朝倉氏居館

DATA

●一乗谷朝倉氏遺跡
交 JR越美北線一乗谷駅から徒歩約30分
P あり（無料）
☎ 0776-41-2173（一乗谷朝倉氏遺跡管理事務所）※見学自由

●一乗谷朝倉氏遺跡復原町並
営 9:00〜16:30
休 無休
料 入場料210円

●一乗谷朝倉氏遺跡資料館
営 9:00〜16:30
休 12月29日〜1月2日
料 100円（復原町並と共通観覧券230円）
交 一乗谷駅から徒歩５分
P あり（無料）
☎ 0776-41-2301

【越前朝倉氏の栄華】

福井市の市街地から10㎞ほどの山あいにある一乗谷《いちじょうだに》は、今から500年ほど前、戦国大名朝倉氏の居館と城下町が築かれていた地。斯波《しば》氏の家臣だった朝倉孝景《たかかげ》は応仁の乱（1467〜1477）に乗じて勢力をのばし、越前の支配者となり、文明3年（1471）に一乗谷に居館を築いた。

一乗谷の最盛期は4代孝景（初代と同名）のころ。朝倉氏の館を中心に武家屋敷や商家、寺院などが建ち並び、人口は1万人を超え、応仁の乱で荒廃していた京の都から逃れてきた公家や僧侶、文人、学者らが華やかな京文化を伝えた。

5代義景《よしかげ》のとき、織田信長との対立が深まり、天正元年（1573）に朝倉氏は敗れて一乗谷は灰燼に帰した。

【甦った城下町】

一乗谷は昭和42年（1967）から発掘調査が進められ、朝倉氏の館をはじめ、武家屋敷、町屋、庭園、寺院などの遺構が明らかになり、浅倉館を含む278haが一乗谷朝倉氏遺跡として国の特別史跡に指定された。平成3年（1991）には諏訪館跡庭園、湯殿跡庭園、浅倉館跡庭園、南陽寺跡庭園を含む4205㎡が国の特別名勝の指定を受けた。

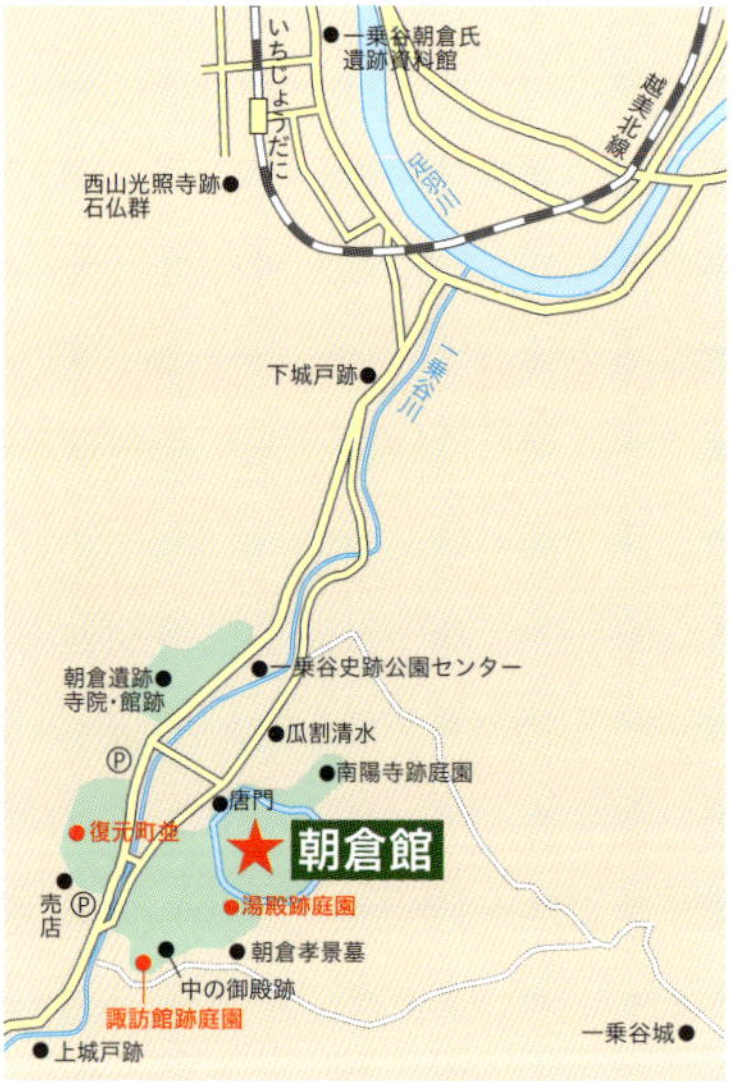

朝倉館全景

再現された町並み

一乗谷最古という湯殿跡庭園

朝倉館跡の土塁

【朝倉館跡】

朝倉館は一乗谷のほぼ中央にある。三方には土塁と堀がめぐらされ、西側の堀に面して唐門が建つ。

この唐門は朝倉義景の菩提を弔うために建てられた松雲院の寺門。現在の唐門は江戸中期の再建。館跡からは常御殿、主殿、会所、茶室、台所、厩、蔵などの跡が発見された。

【朝倉館跡庭園】

朝倉館の南側に庭池がある。斜面を背景に滝石組が置かれ、周囲に大小の石を配し、東側の急斜面には庭池へつづら折れに水が流れ落ちる導水路がある。池は浅く、池から流れ出る水路の先には花壇跡がある。花壇跡はほかの地域での古代・中世の居館跡からは見つかっておらず、日本で最古の庭園内花壇ではないかといわれている。

武家屋敷跡

朝倉義景館跡の石垣

【湯殿跡庭園】

朝倉館を見下ろす山腹にある庭園。池を中心に、周囲に滝石組・三尊石組などの石組を配している。室町文化の影響を色濃く残す庭園として評価が高い。

【諏訪館跡庭園】

朝倉義景が奥方のために建てた館の庭園と伝えられ、庭園の北側には建物があったという。復元整備されて清水の流れる往時の景観が再現されている。池を中心に石が組まれているが、特に右手の滝石は高さ4mを超す巨大なもので、日本最大の規模とされる。

【復原町並】

朝倉館から一乗谷川を隔てた対岸には、かつて武家屋敷や町屋が建ち並んでいた。現在、武家屋敷は主殿を中心に門、蔵、納屋、井戸、厠などが、町屋は10軒が裏庭、井戸、厠なども含め再現されている。

福井県（越前国）

福井城《ふくいじょう》

【福井県福井市／続日本100名城】

御廊下橋（提供：福井県）

歴代城主

◆慶長5年（1600）〜
松平氏（結城）68万石

◆寛永元年（1624）〜
松平氏（越前）50万石

DATA

●福井城跡
交 JR北陸本線福井駅から徒歩5分
P なし
☎ 0776-20-5346（福井市おもてなし観光推推室）
※見学自由

【柴田勝家とお市の方の悲話】

福井は中世には北庄《きたのしょう》と呼ばれていた。その地に築かれた北庄城は、織田信長の勇将柴田勝家とお市の方の悲話を伝える城だ。天正11年（1583）、羽柴（豊臣）秀吉に敗れ、本拠の北庄城を包囲された勝家は、信長の妹であり妻であるお市の方に脱出を勧めた。お市はこれを拒否。3人の娘を脱出させたのち、勝家とともに天守に火をつけて自害したのである。

【結城秀康の築城】

その後、関ケ原の合戦を経て、徳川家康の次男・結城秀康が越前68万石の領主として北庄に入封。その翌年の慶長6年（1601）から秀康は城の築城にとりかかり、6年がかりで完成させた。本丸と二の丸は家康自らが設計を手がけたとも伝えられている。隣国には前田氏の加賀百万石を控えているとあって、防備を重視したためという。本丸には4層5階、天守台を含めて約37mもの高さの天守がそびえ建ち、にらみをきかせた。

【城跡の遺構】

福井城は壮大な規模を誇ったが、江戸時代前期に2度の大火に見舞われ、天守を失った。天守は再建されることなく明治維新を迎える。明治4年（1871）に廃藩置県となると、城の建築物は次々に壊され、塀は埋め立てられていった。さらに昭和20年（1945）7月の空襲、昭和23年の6月の福井大地震の被害により、城と城下町の面影は失われた。

現在、福井城本丸跡には福井県庁舎や議事堂などが建つが、石垣や堀、内堀が残り、城の歴史を今に伝えている。堀には南側に御本城《ごほんじょう》橋、西側に御廊下橋が架かる。御廊下橋を渡って本丸跡へいくと、天守台跡や、福井大地震で一部崩壊した石垣などが残る。近くに残る井戸は「福の井」と呼ばれる井戸で、福井の地名の由来となった。

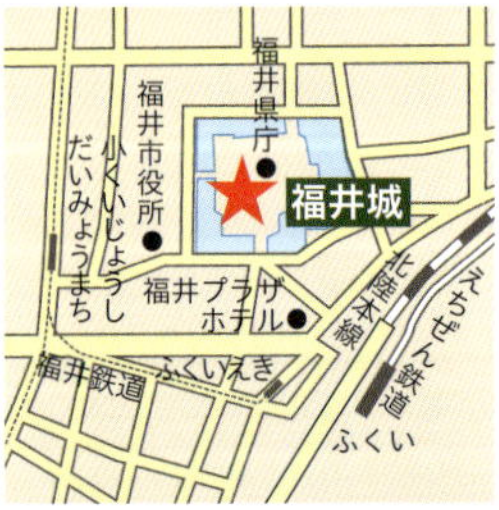

本丸虎口の石垣

古絵図などを参考にして再建された天守

福井県（越前国）

越前大野城《えちぜんおおのじょう》

【福井県大野市／続日本100名城】

歴代城主

◆寛永元年（1624）～松平（越前）氏5万石

◆天和2年（1682）～土井氏4万石

DATA

●亀山
交 JR越美北線越前大野駅から15分で登城口
P あり（無料）
※見学自由（積雪時は入山できない場合もある）

●越前大野城
交 9:00～17:00（10月と11月は6:00～16:00）
休 12月1日～3月31日休
料 入館料200円
☎ 0779-66-1111（大野市観光振興室）

【城下町造りの達人、金森長近《かなもりながちか》】

戦国時代、一向宗（浄土真宗の一派）の信徒たちが各地でおこした一向一揆。畿内・北陸・東海地方などで多くみられ、織田信長にとってもその対策は最重要課題のひとつだった。

天正3年（1575）に信長が越前一向一揆を平定したとき、功を挙げた武将に恩賞として国割をした。越前国大野郡領3万石を与えられたのは金森長近。長近は天正4年（1576）から大野盆地の亀山に築城を開始し、4年の歳月をかけて大野城を完成させた。城は山頂を本丸、山麓に二の丸と三の丸という縄張。さらに碁盤目状の城下町を作り、今日の大野が「北陸の小京都」と呼ばれる礎を築いた。長近は、天正16年（1588）に飛騨高山へ転封となり、ここでも城下町を築き、後世に名を残している。

天守から大野の町並みを見る。写真手前は小天守

【野面積みの石垣】

金森長近が飛騨高山に転封となってからは城主がたびたび交代したが、天和2年（1682）に徳川譜代の土井利房が入封し、明治維新まで土井氏8代の居城となった。なかでも土井氏7代利忠は、藩校の開校、種痘の実施、蝦夷地《えぞち》開拓などさまざまな業績をあげ、名君の誉れが高い。明治維新後、城の建造物は取り壊されてしまったが、本丸跡の野面積みの石垣は現在も往時の姿をとどめている。

【復元天守】

現在、城跡一帯は亀山公園として整備されている。山頂の本丸跡へは、ふもとから約20分の散歩道。かつての登城道だった百間坂など、いくつかのルートがある。本丸跡には、昭和43年（1968）に復元された天守が建つ。古絵図を参考にして建てられた2層3階のもので、館内には金森氏や土井氏ゆかりの歴史資料などが展示されている。最上階からの展望も素晴らしい。

岡山県（備前国）

岡山城《おかやまじょう》

【岡山県岡山市／日本100名城】

南側から見る天守

歴代城主

- ◆慶長5年（1600）～ 小早川氏51万石
- ◆慶長8年（1603）～ 池田氏28万石
- ◆寛永9年（1632）～ 池田氏31万5000石

DATA

●烏城公園
交 JR山陽新幹線・山陽本線岡山駅から徒歩5分の岡山駅前電停から路面電車5分城下下車、徒歩10分
P あり（有料）
☎ 086-226-4809（賑わい烏城公園事務所）※見学自由。

●岡山城天守閣
営 9:00～17:00（入館）
休 12月29日～31日
料 300円
☎ 086-225-2096（岡山城天守閣）

●岡山後楽園
営 7:30～18:00
10月1日～3月19日は8:00～17:00
休 無休
料 400円
☎ 086-272-1148（岡山県後楽園事務所

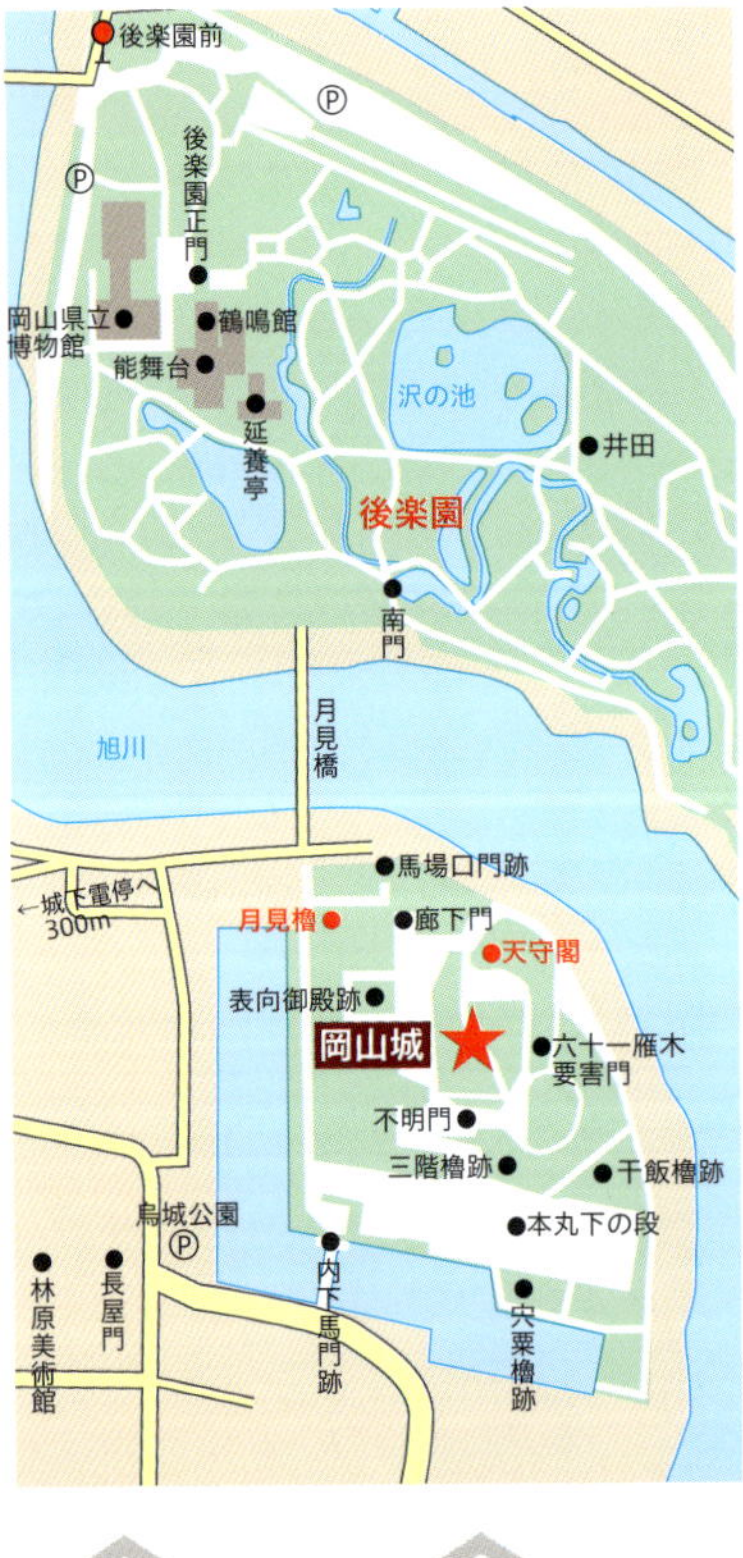

【宇喜多秀家《うきたひでいえ》が築城】

豊臣家5大老のひとり、宇喜多秀家は関ケ原の合戦で西軍の将として戦うが敗北し、八丈島へ流された。その秀家が築いた名城が岡山城である。

秀家は天正18年（1590）、父直家が金光氏から奪った石山の城の東に位置する「岡山」に築城を開始。秀吉の朝鮮出兵に出陣したこともあって、完成は慶長2年（1597）となった。

【池田氏の時代へ】

関ケ原の合戦後、小早川秀秋が城主の時代を経て、姫路城主池田輝政の次男忠《ただ》継《つぐ》が入城。忠継が幼かったため、兄利隆《としたか》が藩政を代行し、忠継が没した後には弟の池田忠雄《ただかつ》が入封。忠雄は岡山城の大修築をほどこした。

【池田光正が鳥取から入城】

寛永9年（1632）、忠雄が亡くなると、甥で鳥取城主の光政が城主となる。忠雄の嫡男光仲と国替えをし、光仲は鳥取に転封、替わって光政が岡山城へ入城した。以後の岡山城は、光政系譜の池田氏が明治維新まで代々城主をつとめた。

岡山後楽園から見る岡山城

月見櫓は本丸に唯一現存する江戸時代の建造物

不明門（あかずのもん）

【不整形の天守台】

岡山城の天守台は全国的にも珍しい、東西に細長い不等辺五角形をしている。このため、天守の外観は南面・北面が幅広く、東面・西面はスリムな印象。

【天守の再建】

岡山城は望楼型天守を本丸におき、櫓35棟、多聞櫓6棟、城門32をそなえた一大城郭だったが、明治前期に建物の大半が撤去され、さらに昭和20年（１９４５）には空襲で天守を失った。昭和41年（１９６６）、3層6階の天守は高さ約20m、黒塗りの下見板張りで再建された。内部は歴史資料館になっており、2階には書院造の「城主の間」が再現されている。

【宇喜多秀家時代の遺構】

再建天守付近は本丸本段といわれる高台となっている。この本段より低いところが本丸中の段、さらに低いところは本丸下の段と呼ばれ3段に分かれている。この3段構えは宇喜多秀家によるもの。本段南東の野面積みの高石垣も宇喜多秀家時代の遺構である。

【月見櫓（重要文化財）】

月見櫓は池田忠雄が建てた2層2階の櫓で、江戸時代の遺構である。かつて建っていた表書院の北西を守ることと、火薬や武器の貯蔵庫としての役割があったという。

また、本丸の西、旧内山下小学校の跡地には、慶長8年（１６０３）頃に建てられたという重要文化財の西の丸西手櫓がある。

【日本三名園の後楽園】

本丸本段の北側、旭川に架かる月見橋を渡ると、金沢（石川県）の兼六園、水戸（茨城県）の偕楽園とともに日本三名園のひとつの後楽園がある。

この名園を築いたのは、名君池田光政の子の綱政《つなまさ》。貞享4年（１６８７）から14年の歳月をかけて元禄13年（１７００）に完成した。旭川の流れを引き入れた遠州流回遊式庭園で、藩主の園遊の場として使われた。

岡山県（備中国）

備中松山城《びっちゅうまつやまじょう》

【岡山県高梁市／日本100名城】

二の丸から望む天守

歴代城主

◆元和元年（1617）～
池田氏6万5000石
◆嘉永19年（1642）～
水谷氏5万石
◆元禄8年（1695）～
安藤氏6万5000石
◆正徳元年（1711）～
石川氏6万石
◆延享元年（1744）～
板倉氏5万石

DATA

●備中松山城跡
交 伯備線備中高梁駅から徒歩1時間。途中のふいご峠駐車場から本丸までは徒歩20分。土・日・祝日および混雑時は車両規制があり自家用車は城見橋公園より奥は進入禁止。城見橋公園駐車場からふいご峠まで有料シャトルバスを利用する。
P あり（無料）
☎ 0866-22-1487（備中松山城管理事務所）※見学自由。
●備中松山城本丸
営 9:00～17:30（10～3月は～16:30）
休 無休
料 300円

【日本三大山城のひとつ】

岡山県西部、高梁《たかはし》川中流にある城下町高梁。古くは松山といい、市街地北部の臥牛《がぎゅう》山に備中松山城がある。

臥牛山の備中松山城は前山、小松山、天神の丸、大松山の4峰に展開し、標高430mの小松山山頂に江戸時代初期の天守が現存する。日本の山城で唯一天守が現存し、しかも天守があるのは日本一標高が高い場所。美濃岩村城、大和高取城とともに日本三大山城のひとつに数えられている。

【鎌倉時代に築かれた城】

城の歴史は鎌倉時代にさかのぼる。承久の変で手柄を立てた秋庭重信《あきばしげのぶ》が備中有漢郷（現・高梁市有漢地区）の地頭に任じられ、仁治元年（1240）、臥牛山の大松山に砦を築いたのが始まりという。この地は山陰と山陽を結ぶ要地だったことから争奪戦が絶えず、めまぐるしく城主が交替した。

城の範囲が最大であったのは16世紀の後半で、三村元親《みむらもとちか》が城主であったころである。元親は中国地方へ勢力をのばしつつあった織田信長と結んで備中支配を確立しようとしたが、毛利方の小早川隆景に攻められて落城。元親は自刃した。

【茶人小堀遠州と備中松山】

備中松山城はその後、毛利氏の支配下におかれたが、関ケ原の合戦以後、徳川幕府の支配を受け、城代が置かれた。

その城代が小堀正次・政一父子。政一

大手門からの登城道

三の丸、厩曲輪の石垣

岩盤の上に建つ二重櫓

天守1階の長囲炉裏

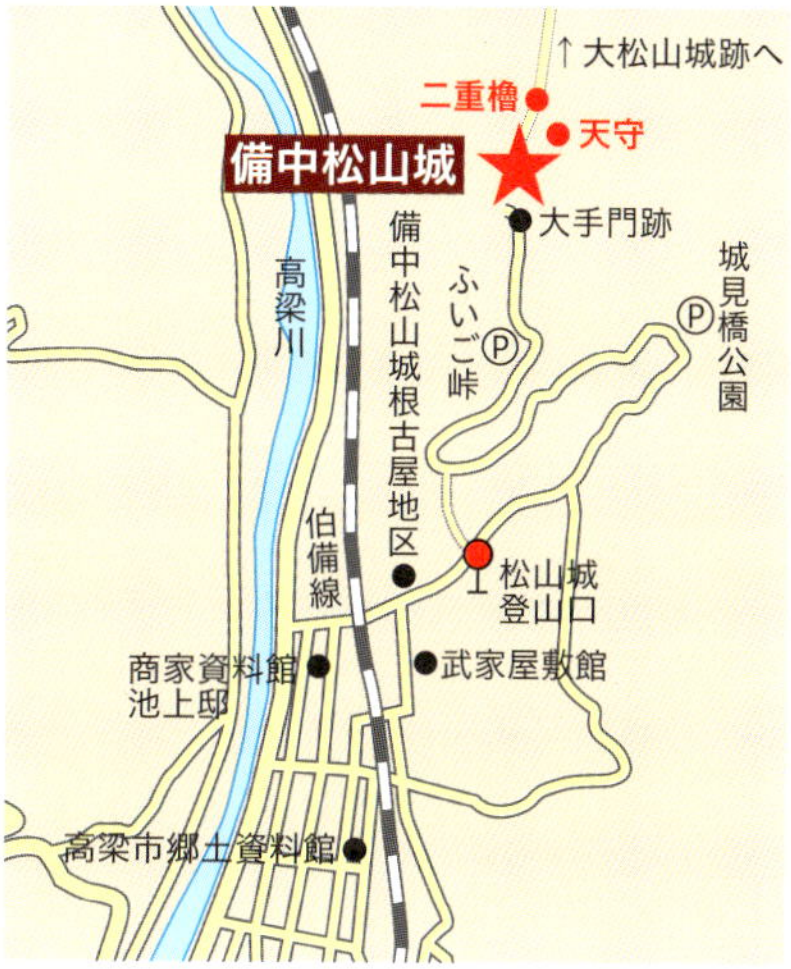

は小堀遠州の通称で知られる茶人（遠州流茶道の祖）であり築庭家・建築家である。政一は幕府から作事奉行に任じられ、寺社の造園などに携わった。

【備中松山城と大石内蔵助】

現存する備中松山城の建造物の多くは、天和元年（1681）から3年の歳月をかけて城の大改修に取り組んだ水谷勝宗によるもの。水谷氏は3代勝美に跡継ぎがなく除封された。松山城は播磨赤穂藩預かりとなり、城番となったのが大石内蔵助だった。内蔵助はここ備中松山で水谷氏家臣の立ち退きを眼にしたが、その数年後に自らが赤穂城を明け渡す立場になった。

【天守（重要文化財）】

天守の外観は3層に見えるが実際は2層2階である。1階部分に見える西側入口の建物は天守と別棟の接続《つなぎ》廊下の建物。この廊下はかつて平櫓に続いていて天守曲輪を作っていたが、現在は廊下と櫓が失われたため、独立天守に見える。天守1階には囲炉裏があるが、これは冬の厳しい寒さのなかで暖をとることを想定して設置されたものという。

【二重櫓（重要文化財）】

天守の北側にある二重櫓は、天守を別にすると城内唯一の二重櫓。二重櫓の背後には櫓へ上る石段があり、北面から本丸に入る城門の役割も兼ねていたことがわかる。天守と二重櫓は本丸の中でも1段高い位置にある。

本丸跡にある五の平櫓と六の平櫓は、本丸南御門、東御門、腕木御門、路地門、土塀とともに平成6年（1994）から平成9年にかけて復元されたものだ。

復元された備中櫓（館内は見学可能）

岡山県（美作国）

津山城《つやまじょう》

【岡山県津山市／日本100名城】

歴代城主

◆慶長8年（1603）～森氏18万6000石

◆元禄11年（1698）～松平氏（越前）10万石

DATA

●津山城（鶴山公園）

営 8:40～19:00（10月～3月は～17:00。津山さくらまつり期間中は7:30～22:00）。備中櫓は9:00～入館16:30入館（津山さくらまつり期間中は～入館18:30）

休 12月29日～12月31日休

料 入園料300円

交 JR津山線津山駅から徒歩15分

P あり（津山観光センター駐車場、通常期間は無料）

☎ 0868-22-4572

【森忠政の築城】

岡山県北部、中国山脈に囲まれ、西の小京都と呼ばれる津山。城下町の歴史をつくった城が津山城である。津山初代藩主・森忠政《もりただまさ》が13年の歳月をかけて元和2年（1616）に完成させた。

森忠政は元亀元年（1570）、美濃国金山《かなやま》城主・森可成《よしなり》の6男として誕生。織田信長の小姓、森蘭丸《らんまる》は兄だ。忠政は豊臣秀吉に属し、多くの軍功を挙げるが、慶長5年（1600）の関ケ原の戦いでは徳川家康率いる東軍で戦い、信州（長野県）川中島に移封となった。その後、美作《みまさか》国に入封。吉井川と宮川の合流点を見おろす鶴山《つるやま》を城地に選び、慶長9年、鶴山を「津山」と改め、築城を開始。この鶴山は、嘉吉元年（1441）、美作の守護大名山名忠政が鶴山城を築いた地だった。森忠政の津山城は本丸、二の丸、三の丸を階段状に配した縄張で、山麓には総曲輪を構えた。城郭の敷地には約70の櫓が建ち、本丸には5層の天守がそびえ建っていたという。

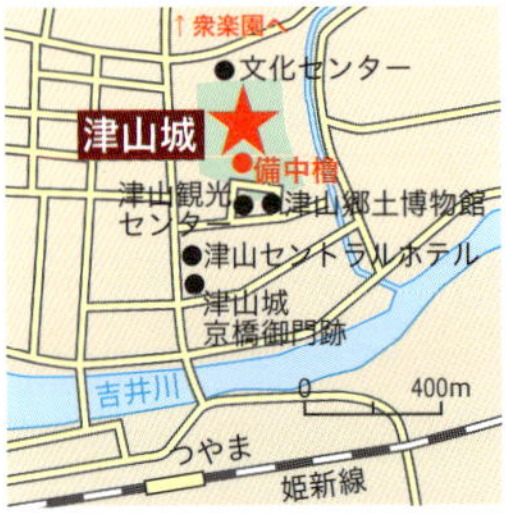

天守台から備中櫓を見る。桝形になった石垣がよくわかる

天守台へと続く石段

【復元された備中櫓《びっちゅう》】

現在、津山城の城跡は鶴山《かくざん》公園となっている。国の史跡の指定を受け、ところどころに高石垣が残る。特に山麓から見上げる山上の石垣群は壮観だ。平成17年（2005）には備中櫓が復元された。なお、北の裏下門近くの厩濠《うまやぼり》、薬研濠《やげんぼり》は、山名氏時代の遺構とされている。

【衆楽園（旧津山藩別邸庭園）】

鶴山公園から北へ約10分行ったところに、津山藩2代藩主森長継が小堀遠州流の作庭師を招いて造営した近世池泉廻遊式の衆楽園がある。京都の仙洞御所を模したものという。

岡山県(美作国)

勝山城《かつやまじょう》

【岡山県真庭市】

勝山城三の丸遺跡。石組で建築物の跡がわかる

歴代城主

中世城郭、三浦氏居城	◆明和元年(1764)～三浦氏2万3000石

DATA

●勝山城跡
交 JR姫新線中国勝山駅から山麓まで徒歩20分、山頂まで徒歩30分
P 特にないが、駐車スペースはある
☎ 0867-45-7111(真庭観光局) ※見学自由

【ルーツは中世三浦氏の高田城】

岡山県北部、勝山盆地に築かれた城。城の始まりは戦国時代初頭。在地豪族の三浦貞連《さだつら》がこの地の近隣に勢力を広げ、城の築城に取り組んだと伝えられている。標高321mの如意《にょい》山と南側の勝山《かつやま》の2つの山を利用し、旭川を天然の濠とした。これが勝山城のルーツとなる高田城だ。

【森氏の支配から天領に】

戦国時代、美作国《みまさか》では赤松氏や尼子氏、毛利氏や浦上氏、宇喜多氏らが争うなか、三浦氏は滅亡。慶長8年(1603)以降は津山藩の管轄となり森氏が支配するが、江戸時代初期に高田城は廃城となる。その後元禄10年(1697)に森氏は改易。この地は天領となった。

【譜代大名三浦氏の再築城】

勝山城は、廃城となっていた高田城をベースに、江戸時代中期になって再築城された城である。明和元年(1764)、三河国(愛知県)西尾城の譜代大名・三浦明次《あきつぐ》がこの地を領し、勝山藩が誕生した。明次は城跡を整備し、後に勝山城と改称。

江戸時代の勝山城は、如意山中腹の高田城二の丸跡に二重櫓、南の勝山に太鼓櫓を設け、西麓の三の丸跡に藩主居館や藩庁、蔵などが整備された。現在の真庭市立中央図書館のあたりが三の丸跡である。城は明治維新まで存続し、明治4年(1871)に廃城となった。

【城下町の面影】

現在、如意山山頂の一帯は山林となっているが本丸を中心にいくつかの曲輪や堀切が残る。発掘調査では慶長年間(1596～1615)ころの瓦や石垣が出土。中世の高田城の遺構とされている。

一方、城のすぐ脇を出雲街道が通るため、城下町は繁栄した。白壁やなまこ壁の商家屋敷が軒を連ね、武家屋敷も点在、城下町の面影は色濃く残る。城下町散策は勝山探訪の大きな魅力のひとつだ。

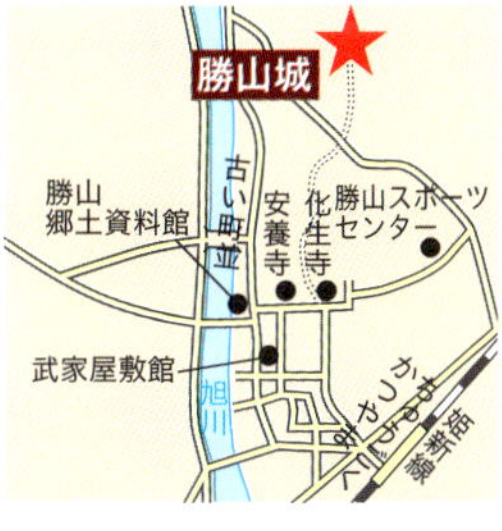

城下の町並み保存地区

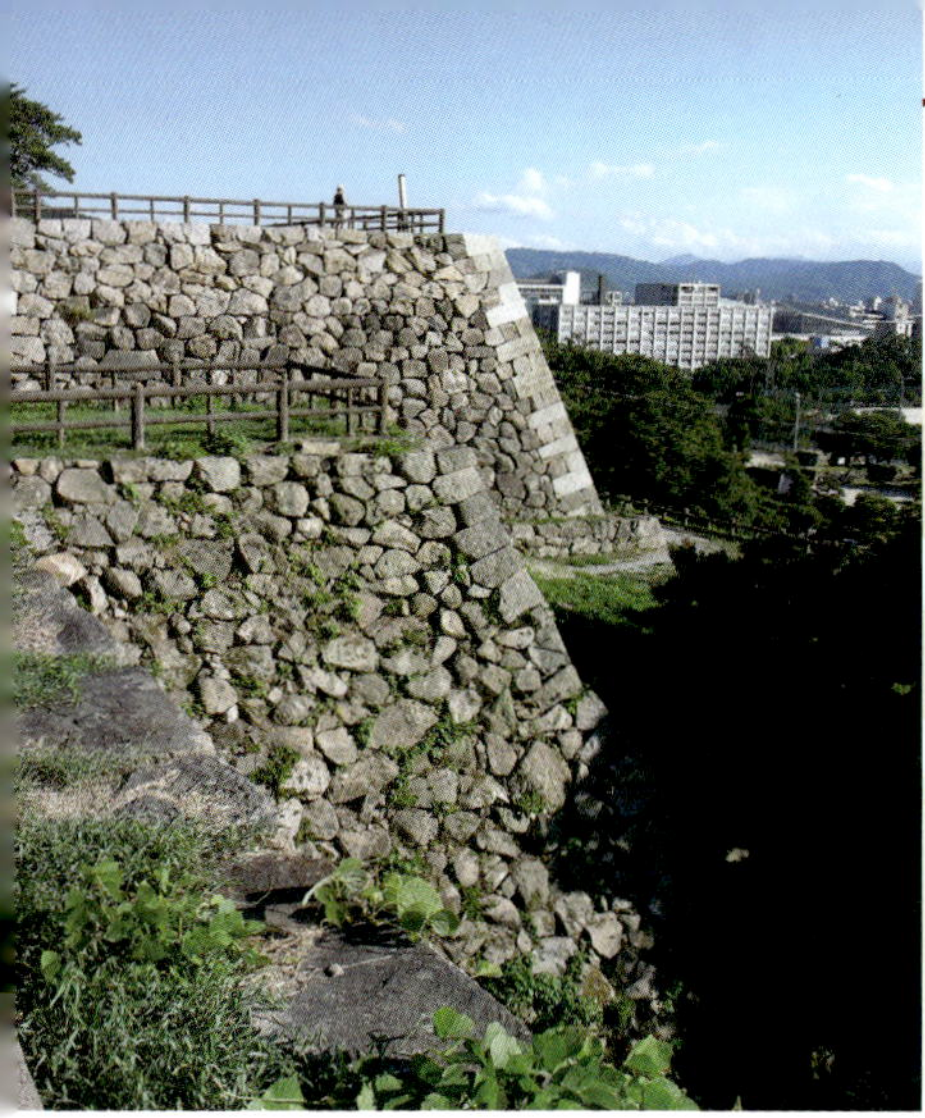

二の丸に残る石垣

鳥取県（因幡国）

鳥取城《とっとりじょう》

【鳥取県鳥取市／日本100名城】

歴代城主

- ◆慶長5年（1600）～池田氏6万石
- ◆元和3年（1617）～池田氏32万石
- ◆寛永9年（1632）～池田氏32万石

DATA

●久松公園

交 JR山陰本線鳥取駅から循環バスくる梨「緑コース」で7分、仁風閣・県立博物館下車、徒歩5分。市内の主な観光スポットをめぐる「ループ麒麟獅子バス」（土日祝と夏季のみ運行）を利用する場合、鳥取城跡で下車。

P あり（有料）

☎ 0857-26-0756（鳥取市観光コンベンション協会）※見学自由

【久松山《きゅうしょうざん》の山城】

鳥取市の東にある久松山。標高263mの山頂からは鳥取市街地や千代川《せんだい》の流れ、鳥取砂丘、日本海を眺望できる。眺めのいいこの山が、鳥取城跡である。

【秀吉の兵糧攻め】

鳥取城は山頂を中心とした「山上《さんじょう》の丸」と、山麓の「山下《さんげ》の丸」の2つに大別される。山上の丸は本丸で、ここに城が築かれたのは16世紀中ごろ。因幡・但馬一帯で勢力を誇った山名氏が築いた。

戦国時代の鳥取城では幾多の攻防が繰り広げられた。なかでも有名なのが、天正9年（1581）の羽柴秀吉の兵糧攻めだ。秀吉は2万人の軍勢を率いて城を包囲した。そのときの城主は、中国地方の覇者である毛利氏の家臣・吉川《きっかわ》経家。

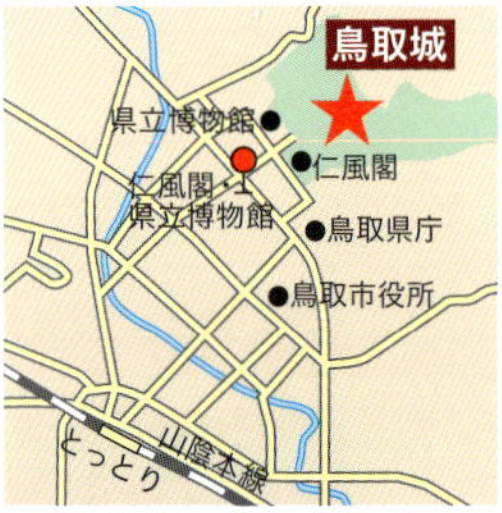

「山上の丸」虎口の石段と石垣。石段を登れば、本丸に出る

籠城は長期化し、餓死する者も続出したという。4ヵ月の籠城の末、落城。城主吉川経家は自刃をした。

【江戸時代の大改修】

関ケ原の戦いの後、慶長5年（1600）に入封したのは池田長吉。播磨・備前・淡路を治め、「西国将軍」と称された池田輝政の弟である。長吉は城の大改修を行ない、城の中枢部を久松山の山麓へ移した。これが「山下の丸」だ。

元和3年（1617）、姫路から池田光政が入封し、山麓部の曲輪（二の丸、天球丸、三の丸）と城下町を整備。寛永9年（1632）、岡山城主の池田光仲と池田光政との間で領地の入れ替えがあり、光仲が鳥取城主となり、光仲系の池田氏が明治維新まで城主をつとめた。ちなみに岡山城主となった光政は、名君として名を残す。

現在、山上の丸には、天守台、多聞櫓跡などの石垣が残る。戦国時代に山名氏が築いた3層の天守は、池田氏により2層に改修されたが、元禄5年（1692）に落雷で焼失。以後、再建されなかった。

鳥取県（伯耆国）

米子城《よなごじょう》

【鳥取県米子市／続日本100名城】

湊山の山上に残る本丸の石垣

歴代城主

◆慶長5年（1600）～中村氏18万石
◆慶長14年（1609）～加藤氏6万石
◆元和元年（1615）～池田氏（因幡鳥取藩支城）

DATA

●湊山公園
交 JR山陰本線米子駅から二の丸虎口桝形まで徒歩15分
P あり（湊山公園無料駐車場）
☎ 0859-23-5436（米子市文化振興課） ※見学自由

【伯耆《ほうき》富士と日本海を眺める城】

米子は海陸交通の要地として古くから栄えた地。米子城は標高90mの湊山《みなとやま》山頂に築かれた。天守閣跡に登れば、北に米子市街地や日本海、西に日本有数の汽水湖である中海《なかうみ》、東に「伯耆富士」と呼ばれる大山を見渡せる。こうした眺望のよさを実感すると、この城が軍事上の重要な城であったことがうかがえる。

【古くからの攻防の拠点】

城の歴史は15世紀半ばの応仁の乱のころ、山陰で勢力を誇った山名氏が、出雲国の覇者・尼子《あまご》氏に対抗するために砦を造ったのが始まり。幾多の攻防を経て、天正19年（1591）、吉川《きっかわ》広家が石垣をもつ近世城郭の普請を開始。関ケ原の合戦の後、城は未完のまま、慶長5年（1600）、吉川氏は転封となった。

【江戸時代は鳥取藩の支城に】

新たに伯耆に入封したのは、豊臣秀吉三中老のひとりで関ケ原の合戦で軍功をあげた中村一氏《かずうじ》の子、中村一忠《かずただ》。一忠は米子城の築城を続け、慶長7年に完成。湊山山頂に五重の大天守と四重の副天守（四重櫓）の2基の天守が建つ本丸に続き、峰に沿って内藤丸（出丸）まで登り石垣を配し、山麓に二の丸、三の丸を配した近世城郭となった。

元和元年（1615）に因幡・伯耆2国が鳥取藩の領地になったのに伴い、因幡鳥取藩の支城となった。寛永9年（1632）には鳥取藩家老の荒尾成利が城代に任命され、明治維新まで、荒尾氏が11代にわたって城を預かった。

【城跡は国の史跡】

城の建物は現存していないが、石垣や礎石などが残り、国の史跡に指定されている。城跡は湊山公園となっており、テニスコートとなっている二の丸跡の南東側には、荒尾氏の家臣だった小原家の長屋門が移築保存されている。

旧小原家長屋門

国宝の天守と付櫓

島根県（出雲国）

松江城《まつえじょう》

【島根県松江市／日本100名城】

歴代城主

◆慶長5年（1600）～
堀尾氏24万石
◆寛永11年（1634）～
京極氏26万4000石
◆寛永15年（1638）～
松平氏18万6000石

DATA

●松江城山公園
交 JR山陰本線松江駅から松江レイクライン（バス）10分松江城（大手前）下車
P あり（有料）
☎ 0852-21-4030（松江城山公園管理事務所、本丸・天守閣の問い合わせ先もここ）※見学自由。

●松江城本丸
営 7:00～19:30（10～3月は8:30～17:00）、
休 無休
料 入場料670円（天守閣登城料含む）

●松江城天守閣
営 8:30～18:00（10～3月は～16:30）
休 無休

【堀尾吉晴が求めた新天地】

島根県松江市の宍道湖《しんじ》畔に優美な姿を見せる松江城。山陰地方では唯一現存する江戸時代の天守閣で、標高約29mの亀田山にそびえている。その姿は宍道湖に羽を広げて飛び立つ千鳥のようで、千鳥城の別名を持つ。

この優美な城の築城者は、加藤清正と並んで城普請上手といわれた堀尾吉《よし》晴《はる》。豊臣秀吉の家臣であったが秀吉の死後徳川家康に近づき、関ケ原の合戦の戦功で出雲・隠岐24万石の領主となった。吉晴は、直前に中国地方に勢力を誇っていた尼子《あまご》氏の城だった月山富田城（現在の島根県安来市広瀬町）に入城した。しかし、この城は領地の東端に位置し、しかも山城のため城下町を造成する平地が不十分だった。そこで吉晴は、新しい場所に城を移すことにしたのである。そうして新天地として選ばれたのが宍道湖畔の亀田山だった。もともとこの地には、中世に末次城があったという。

【苦心の築城】

幕府の築城許可は慶長8年（1603）に得られた。しかしすんなりと築城できたわけではない。翌年、家督を譲ったばかりの嗣子《しし》、忠氏が27歳の若さで急死。跡を継いだ孫の忠晴はまだ6歳。実質的な藩政は吉晴が行なうことになった。

慶長12年（1607）、ようやく開始した築城工事には5年の歳月がかかった。当時の亀田山は尾根続きでほかの山とつながっていたためこの尾根をすべて切り崩してさらに堀を掘削しなければならなかった。現在の塩見縄手《しおみなわて》の武家屋敷の一帯は、かつて尾根だったところを平地にならした場所のひとつだ。

【松平氏の時代へ】

こうして松江城を完成させた堀尾吉晴だったが、跡を継いだ孫の忠晴に嗣子がなく、忠晴の死によって寛永10年（1633）、堀尾家は断絶。吉晴の苦心の末の城にはこの後若狭（福井県）小浜から京極忠高が入封するが、京極家も跡継ぎに恵まれず断絶。そして、結城秀康の三男だった松平直政が信州（長野県）松本から転封。直政は二度のお家断絶で荒廃した城を修復し、さらに松平氏3代綱近《つるちか》が三の丸を整備した。

ちなみに松江の松平氏では7代治郷《はるさと》が、不昧《ふまい》公の号で呼ばれ、茶人として知られている。松江藩の財政を立て直すために倹約の励行、治水事業、殖産興業などの政策を進め、財政改革を成功させた。

【南櫓・中櫓・太鼓櫓】

松江城は大手前にバス停や駐車場があり、ここから探訪するのが一般的だ。その大手前から内堀越しに眺めると、石垣の上の高みに3基の櫓が見える。左手の二重櫓が南櫓。そして、その右には1層の中櫓と太鼓櫓が建つ。いずれも表御殿のあった二の丸上段の周縁部を固める櫓だ。太鼓櫓と中櫓は外からの眺めはほとんど同じに見えるが、上段側から見ると

南櫓

二の丸上ノ段南側の石垣。屏風折れになっている

天守初層と2層の石落

大手前から南櫓と中櫓を見る

太鼓櫓

太鼓櫓には庇《ひさし》があるが中櫓にはないことがわかる。これらの櫓は考証に基づいて平成13年（2001）に再建されたもので、櫓内に入って内部を見学できるのが興味深い。

【興雲閣《こううんかく》】

明治天皇の行幸に備えて明治36年（1903）に建てられた擬洋風建築の興雲閣を、松江城本丸の入場時間に合わせて一般公開（無料）している。

【南多聞櫓】

本丸と二の丸を隔てる櫓。昭和期の戦後に再建されたもので、厳密な時代考証に基づいたものではない。

【天守と付櫓《つきやぐら》（国宝）】

慶長16年（1611）に建てられた、桃山風の天守閣。松江城は明治維新後に廃城令により陸軍省の管轄となり、多くの建物は払い下げのうえ、解体されてしまった。しかし、天守は地元の豪農や旧松江藩士らの尽力で買い戻され、解体を免れたのだった。江戸時代に建てられて現在まで残っている「現存12天守」のひとつで、国宝に指定されている。

その形状は、2層の大入母屋《おおいりもや》の上に2層の望楼を載せた初期の望楼型天守。高さはおよそ30mに及ぶ。外観は4層（3層目の千鳥破風と花頭窓部分が独立して見えるので5層にも見える）だが、内部は6階。最上階の望楼は外部に廻縁《まわりえん》がないが、これは冷え込みの厳しい山陰という地方ゆえのことと思われる。

初期型の天守らしく狭間が多いのが特徴で、各層あわせて94の狭間がある。狭間のうち、天守地階のものは内部に石打《いしうち》棚《だな》（石垣上に設けられた棚）を設けて狭間と棚が同じ高さにされており、万一戦闘が起きた場合に邀撃を容易にしている。

天守の南側には付櫓を建てて、これを出入口とした。天守と付櫓が一帯となった複合式天守閣だ。付櫓は多くの石落や狭間で守りを固めている。天守地階には、深さ24mの井戸や塩蔵庫などが設けられていて、籠城に備えていたことがわかる。

【天守の石落】

天守の四隅には石落があるが、1層目の庇の上（2階）に設けられている。一般的に石落は最下層に設けられ、2層目にあるのは例外的だ。2層目に石落があるので、初層の庇はその上の石落を隠すような状態になっていて、外見からは気づきにくい。

よく見ると、初層の庇は石落の部分が切り取られて2層目の石落の底部が見えている。付櫓の石落は1階にあるので、比べてみると違いがよくわかる。

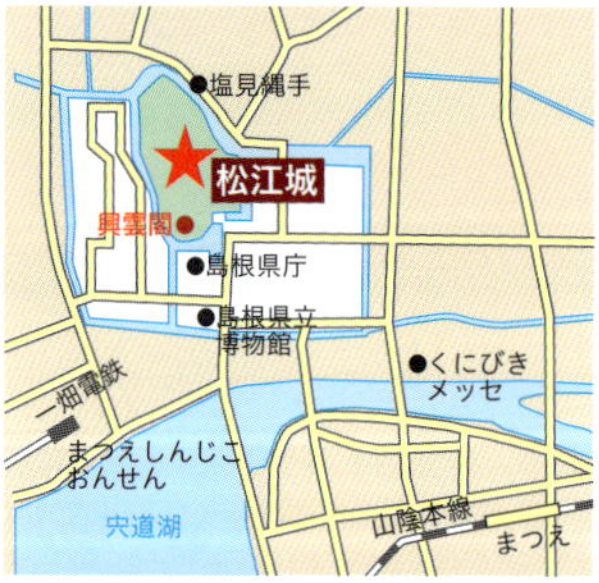

脇虎口門跡近くの船着

二の丸帯曲輪から見る天守

島根県（出雲国）

月山富田城《がっさんとだじょう》

【島根県安来市/日本100名城】

城の中枢だったと思われる山中御殿虎口の石垣

歴代城主

中世城郭、尼子氏居城

◆慶長5年（1600）～
堀尾氏24万石

DATA

交 JR山陰本線安来駅からバス25分月山入口下車
P 山麓の安来市立歴史資料館の駐車場を利用できる
☎ 0854-32-2767（安来市立歴史資料館）※見学自由

【戦国大名尼子《あまこ》氏の居城】

平安時代末期の築城と伝わる山城だが、月山富田城を大きく拡張させたのは、戦国大名尼子氏である。尼子氏は、出雲国守護の京極氏配下で守護代だったが、月山富田城を拠点に勢力を広げ、京極氏から守護権限を継承。戦国大名として独立、最盛期には山陰山陽11カ国を支配した。

天文12年（1543）、大内義隆《よしたか》が出雲国に侵攻し、毛利氏らの軍勢とともに月山富田城を攻める（第1次月山富田城の戦い）。が、大内軍は攻略に失敗。月山富田城は難攻不落の名城と名をはせた。

永禄5年（1562）、毛利元就《もとなり》が出雲国を攻撃（第2次月山富田城の戦い）。兵糧攻めと懐柔策により、永禄9年（1566）、城主尼子義久は降伏。その後、城主は変わるが、慶長16年（1611）まで、月山富田城は出雲国支配の拠点だった。

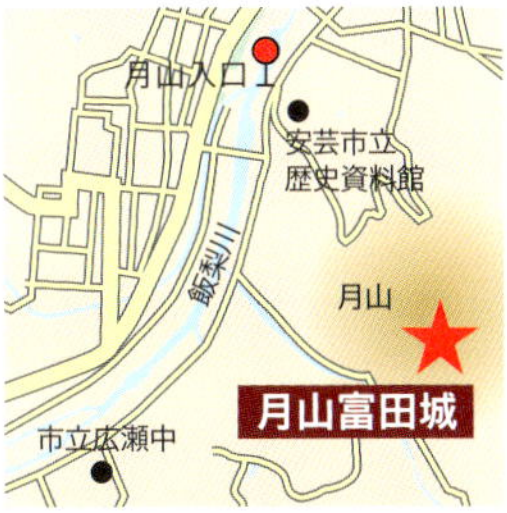

山中御殿

【石垣や土塁が残る広大な城跡】

標高197mの月山を中心に、およそ1㎞四方にわたって数多くの曲輪が展開する巨大な山城。自然の地形を生かし、丘陵に挟まれた谷間に敵を誘い、両側の尾根から攻撃する横矢掛もみられる。

二の丸から本丸を見上げる

山麓の市立歴史資料館の近くが御子守《おこもり》口《くち》で、谷筋に沿って道を進むと大手門跡。道の両側の尾根上には複数の曲輪が連なる。南の尾根にはお茶庫台《ちゃこだい》、能楽平《のうがくなり》など。北側は、山麓に近い千畳平《せんじょうなり》から、太鼓《たいこ》壇《だん》、奥書院平《なり》、花ノ壇と曲輪が続く。花ノ壇には掘立建物が復元されている。

花ノ壇の先は、大手門のすぐ上に位置する山中御殿《さんちゅうごてん》。広大で中枢的な曲輪だ。山中御殿から急坂の七曲りを上ると、山頂部の三ノ丸・二ノ丸・本丸へと続く。

人質曲輪の櫓台から三の丸を見る

島根県（石見国）

津和野城《つわのじょう》

【島根県津和野町／日本100名城】

歴代城主

中世城郭、吉見氏居城

◆慶長5年（1600）～
坂崎氏3万石

◆元和3年（1617）～
亀井氏4万3000石

DATA

●津和野城跡
交 JR山口線津和野駅から徒歩45分（タクシー5分）で山麓。
P あり（無料）
☎ 0856-72-1771 ※見学自由。

●津和野城跡観光リフト
営 9:00～16:30
休 無休、ただし12月～2月は土日祝日のみ運行
料 リフト往復450円

【鎌倉時代に築城された】

津和野城は標高367mの霊亀山《れいきさん》に築かれた山城。西石見地方の地頭であった吉見頼行《よしみよりゆき》が、築城を始め、正中元年（1324）、その子・吉見頼直《よりなお》の代になって完成した。この時期は元寇から間もない時期で、吉見頼行がこの地に赴任したのも、日本海の沿岸防備のためといわれる。当時は津和野城ではなく三本松城（もしくは一本松城）と呼ばれていたらしい。

【中世城郭が近世に受け継がれた】

吉見氏は、大内義隆を滅ぼした陶晴賢《すえはるかた》と戦い、天文23年（1554）には100日以上に及ぶ籠城戦が起きた（三本松城の戦い）。その後、吉見氏は毛利氏に従いながら引き続き津和野を拠点としていたが、関ケ原の合戦の後、毛利氏が萩へ国替えとなると、毛利氏に従って萩へ移住した。

代わって3万石で津和野に入ったのは坂崎《さかざき》出羽守直盛《なおもり》。直盛は石垣を多用し三本松城を大規模に改修、近世城郭・津和野城の基盤を作った。大手の位置を吉見氏時代の搦手側に改め、出丸や天守を築

山麓にある馬場先櫓。二重櫓で詰所を兼ねていた

山麓にある物見櫓。藩主が祭礼などを見物する際に用いられた

いた。しかし、元和2年（1616）、千姫事件により改易となった。

元和3年（1617）、亀井政矩《まさのり》が4万3千石で入城。以後、明治維新まで11代にわたり亀井氏の居城となった。亀井氏は山麓に居館（津和野藩邸）や外堀を設け、さらに城下町も整備を進めた。しかし、貞享3年（1686）、落雷によって三重の天守が焼失、天守は以後再建されることはなかった。

【主郭部に残る素晴らしい石垣】

津和野城の主郭には、近世城郭の石垣造りが良好な状態で残されている。津和野城跡観光リフトから進むと、最初に出会う石垣が出丸のもの。津和野城は戦国時代の山城の縄張に近世城郭の石垣を後から加えたため、一城別郭《いちじょうべっかく》の様相を示している。

出丸からさらに進むと、大手門から上ってきた大手登城路と合流し、その先に東門跡と三段櫓跡がある。三段櫓は平櫓だが、自然の地形と石垣を巧みに利用して三重櫓の様相を見せていたと伝わる。ここから三の丸、西門櫓跡を経て天守台石垣の残る二の丸へ。天守台が城の最高所にないという珍しい例だ。太鼓丸を経て、城の最高所となる本丸「三十間台」へ上る。三十間台からは津和野城下を一望できる。三十間台の南側には「人質曲輪」の櫓台石垣が残る。高さ10m以上で、城内有数の高石垣だ。

【山麓の遺構】

山麓の藩邸跡には馬場先櫓が現存。馬場先櫓は、津和野藩邸表門の左側の隅櫓で、近くに馬場があったことから名付けられた。嘉永6年（1853）の藩邸焼失の後、安政3年（1856）の再建という。また、藩邸庭園跡という嘉楽園には、同時期に建てられた物見櫓が移築されている。

人質曲輪の櫓台石垣。かなりの高石垣であることがわかる

太鼓丸から見た三十間台

出丸からの眺め

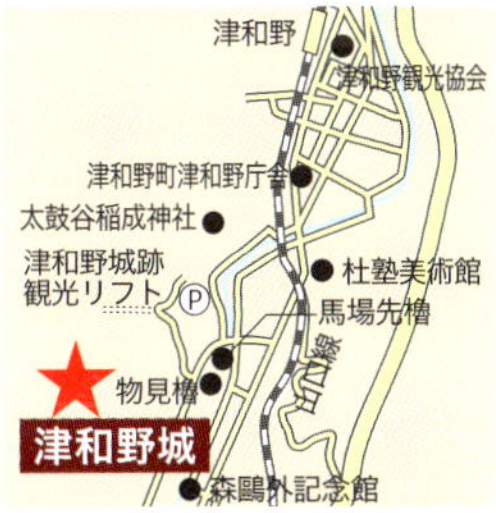

天守台。城の最高所ではなく、一段低いところにある

三原駅前に天主台と石垣が残る

広島県（備後国）

三原城《みはらじょう》

【広島県三原市／続日本100名城】

歴代城主

◆永禄10年（1567）～
小早川氏所領

◆慶長5年（1600）～
福島氏所領（広島城の支城）

◆元和5年（1619）～
浅野氏所領（広島城の支城）

DATA

交 山陽本線・山陽新幹線三原駅から徒歩1分

P なし

☎0848-64-9234（三原市文化課）※見学自由（天主台は6：30～22：00）

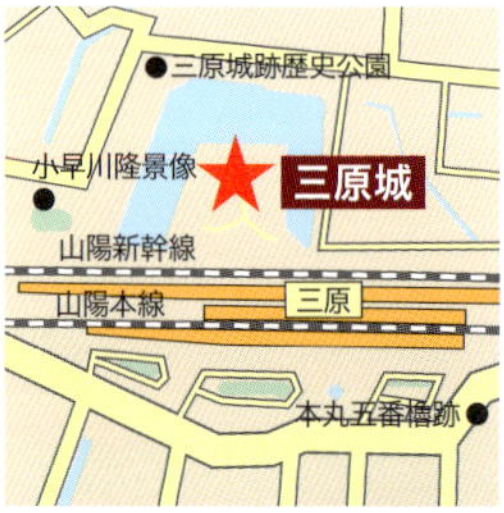

新幹線の高架下に石垣が残る

【瀬戸内海と山陽道を抑えた要害】

瀬戸内海の水軍を掌握していた小早川《こばやかわ》隆景《たかかげ》が、永禄10年（1567）、沼田川河口に築いた三原要害をベースにして、三原湾に浮かぶ大島、小島をつないで築城。当時、小早川隆景の本城は沼田川対岸にある新高山城で、河口の両岸に拠点を置くことで、より効率的な水軍の差配を意図したものと思われる。

三原城は、天主台はあるが、天主を持たない城だった。天主台を北に頂いた本丸、本丸の東と南にある二の丸が一つの島になっていて、島の東側は土橋で三の丸（島）と結ばれ、三の丸は土橋で東築出（陸地）に結ばれていた。二の丸と三の丸の間は船入（港）となっていた。さらに南の二の丸から土橋で通じる西の二の丸（島）を経て、西築出（陸地）を設けた梯郭式の城であった。海に向かって船入を開き、城郭と軍港としての機能も持っていた。

駅から徒歩5分ほどのところにある船入跡

【駅から直結の城】

現在城跡は大半が市街地化されてしまい、断片的な遺構しか残されていない。遺構が残っているのは、天主台付近、船入櫓付近、中門付近だ。

本丸は山陽新幹線・山陽本線の三原駅となっており、駅の北側に天主台石垣と水堀が残っている。三原駅の1階には三原城の縄張図が展示され、駅の2階には公園となっている天主台への通路がある。また、駅の東側には鍛冶曲輪の案内があり、新幹線の高架橋下には石垣が部分的に残っている。ほか、駅の東南には船入と石垣が堀のような形状で残っている。

天守内部は福山城博物館。一帯は国指定史跡となっている

広島県（備後国）

福山城《ふくやまじょう》

【広島県福山市／日本100名城】

歴代城主

- ◆元和5年（1619）～ 水野氏10万石
- ◆元禄13年（1700）～ 松平氏10万石
- ◆宝永7年（1710）～ 阿部氏10万石

DATA

●福山城跡
交 JR山陽新幹線福山駅から徒歩5分
P あり（ふくやま美術館、ふくやま文学館にあり）
☎ 084-928-1117（福山市文化振興課）※見学自由

●福山城博物館
営 9:00～16:30入館（4月1日～8月31日は～18:00）
休 月曜休（祝日の場合は翌日）、12月28日～12月31日
料 200円
☎ 084-922－2117

【西国への防衛拠点】

元和8年（1622）に築城。山陽道の中央に位置し、瀬戸内海に臨む福山は要衝の地であるため、福山城は一国の政治を司る場であるとともに、防衛の拠点としても重視された。西国にひしめく毛利氏、島津氏など有力な外様大名を監視するという役目を課せられていたのだ。

【譜代大名が守る】

福山城を築いた初代城主は徳川家康の従兄弟にあたる水野勝成。元和5年（1619）、徳川幕府は安芸・備後の国を治めていた広島城主福島正則の城地を没収し、信濃川中島へ移すと、浅野長晟《ながあきら》を広島城主にし、備後福山には水野勝成を配した。浅野長晟は外様大名、また福山藩の東隣にあたる岡山藩を治めた池田氏も外様大名。この両外様大名を擁する藩の間に割り込むようにして、譜代の水野氏が治める福山藩が設置されたわけだ。

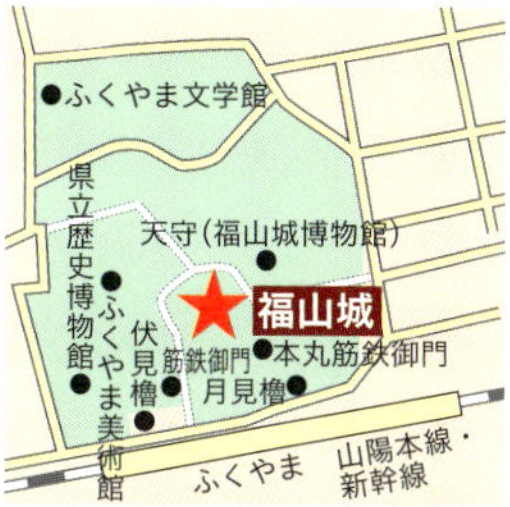

江戸時代の建築物が現存する鐘櫓

【再建天守閣】

水野勝成が築いた五重天守は明治以降もそびえていたが、昭和20年（1945）8月に戦災で焼失。昭和41年（1966）、本丸跡に湯殿と月見櫓、五層の天守が外観復元された。天守閣の内部は福山城博物館として歴代城主に関する資料などを展示している。

昭和の戦災をまぬがれた本丸筋鉄門（国の重要文化財）

【戦災をまぬがれた重要文化財の櫓】

戦災をまぬがれたのは伏見櫓と本丸筋《すじ》鉄御門《がねごもん》、鐘櫓《かねやぐら》。伏見櫓と筋鉄御門はともに国の重要文化財。水野勝成の福山城築城の際、2代将軍徳川秀忠が伏見城の一部を移築させた、桃山時代の建築物だ。鐘櫓は江戸時代には城下や近隣の村の人たちの〝時の鐘〟の役目を果たしていた。

広島城《ひろしまじょう》

【広島県広島市／日本100名城】

再建された五層の天守

歴代城主

◆慶長5年（1600）～ 福島氏49万8000石

◆元和5年（1619）～ 浅野氏42万6000石

DATA

●広島城跡

交 山陽新幹線広島駅から広島電鉄の路面電車14～15分広島電鉄紙屋町東、または紙屋町西下車、徒歩15分

P なし（観光バスのみあり、問い合わせは082-227-7875、無料）※見学自由

●広島城天守閣

営 9:00～17:30（12月～2月は～16:30）

休 12月29日～31日（このほか臨時休館あり）

料 入館料370円

☎ 082-221-7512（広島市文化財団　広島城）

【毛利輝元《てるもと》が築いた城】

毛利氏は安芸の国人領主で、建武3年（1336）、安芸国吉田荘に下り、その後に吉田郡山城（現・広島県安芸高田市）を築いて代々の本拠地としていた。戦国大名として名をはせた毛利輝元は、新たな居城として天正17年（1589）から約10年の歳月をかけ、太田川河口の三角州に城を築いた。これが広島城である。

輝元が太田川河口に居城を構えたのは、その立地がもたらす経済的、政治的、軍事的な利点に着目したためとされる。本丸に5層の望楼型天守を築き、本丸と二の丸に90余りの櫓と城門という大規模な城郭で、中国地方8カ国約120万石の大名にふさわしいものであった。

【毛利氏から福島氏の居城に】

輝元は関ケ原の合戦で西軍の総大将となったため、領地の大半を失い、長門・周防2カ国36万石に減封。毛利氏の居城は萩城に移った。代わって広島城に入城した福島正則は、関ケ原の合戦で東軍の先鋒となって徳川家康の勝利に貢献した功績により安芸・備後49万8000石を与えられた。広島城主となった正則は、城の増改築を行なった。しかし、元和3年（1617）の大洪水で広島城が被災して石垣などが破損。正則は修理に着手したが、幕府の許可を得ずに勝手に修復したと見なされ、信濃川中島4万5000石へと転封（後に改易）となった。

【戦後の天守の再建】

明治維新後、城内には陸軍の施設が建てられ、城の大半の建造物は姿を消したが、大天守などは残された。広島城は姫路城と並ぶ名城として称えられ、昭和6年（1931）には国宝に指定されたが、昭和20年（1945）8月6日の原爆によりすべてを失った。戦後しばらくの間、石垣や堀を残すのみだったが、昭和33年

旧天守礎石

本丸から内堀方向を見る

太鼓櫓と多聞櫓

二の丸表御門と平櫓

（1960）、本丸に五層の天守が再建された。再建された天主は鉄筋コンクリート造ながら、古写真などを参考に往時の外観が復元されている。

天守内部は鎧や刀剣などの展示のほか、広島城と城下町広島の文化を紹介する歴史博物館になっている。

【橋御門・平櫓・多聞櫓・太鼓櫓】

江戸時代の広島城は内堀・中堀・外堀の三重の堀をめぐらし、西側は太田川を天然の堀とする広大な城郭だった。由来は定かではないが、鯉城《りじょう》とも呼ばれるようになり、明治時代には愛称となっていたようだ。ちなみにプロ野球の「カープ（鯉）」の球団名は、鯉城に由来する。

本丸の南側、本丸と二の丸を結ぶ二の丸は馬出になっていて、三の丸から橋を渡って表御門をくぐると馬出、さらに土橋を渡ると本丸中御門へ続いていた。この馬出の一帯には往時の工法を用いた木造で表御門と平櫓・多聞櫓・太鼓櫓が復元されている。

【縮景園】

元和5年（1619）に広島城主として入城した浅野長晟が別邸として造った回遊式庭園。原爆の被害を受けたが、復元された。国の名勝となっている。

本丸から二の丸を見る

広島県（安芸国）

吉田郡山城《よしだこおりやまじょう》

【広島県安芸高田市／日本100名城】

歴代城主

中世城郭、安芸毛利氏居城

DATA

交 ＪＲ山陽新幹線広島駅から市電15分の広島バスセンターでバス吉田線に乗り換え1時間30分安芸高田市役所前下車、徒歩5分で登山口。登山口から本丸までは徒歩約1時間

P あり（無料）

☎ 0826-46-7055（安芸高田市観光協会）※見学自由

※「郡山城」という城が複数存在するため、便宜的に「吉田」の地名を付けて呼ばれているが、正しい名称は「郡山城」である。

【戦国大名毛利氏の本拠地】

毛利氏が本拠地とした城。築城年代は不明だが、15世紀中ごろには存在していたと考えられている。毛利元就《もとなり》の時代に郡山全山に城域を拡大し、天正19年（1591）、元就の孫輝元《てるもと》が広島城を築いて移るまで、毛利氏累代の居城だった。

【郡山合戦】

安芸毛利氏12代にあたるのが中国地方を制した毛利元就。元就が家督を継いで以降、毛利氏は大内氏の傘下となり、尼《あま》子《こ》氏と敵対するようになった。天文9年（1540）9月、尼子詮久《あきひさ》（のちの晴久）が大軍を率いて吉田を攻撃した「郡山合戦」が勃発。戦いは4ヶ月以上に及んだが、元就は大内氏の援軍とともに尼子軍を撃退した。その後、元就はこの郡山城を拠点に勢力を強め、大内氏や尼子氏を滅ぼし、中国地方の覇者となっていくのである。

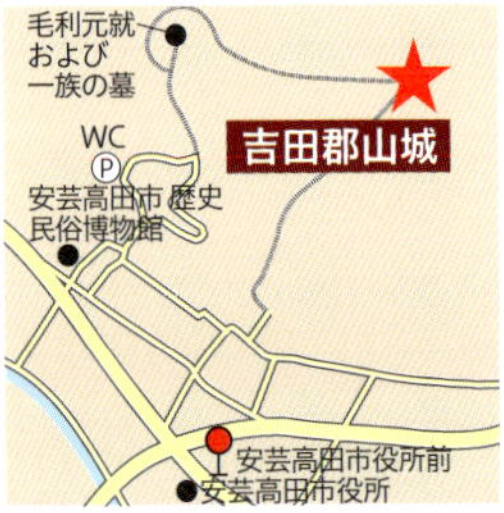

【巨大な山城】

可愛川（江の川）と多治比川の合流地点の北にある標高約400ｍの郡山山頂に築かれている。本丸は山頂にあって北に櫓台を思わせる大規模な土塁があり、本丸から南へ二の丸・三の丸が続き、崩れた石垣や石塁が残る。この主郭部を中心として周囲へ広がる尾根に曲輪群が設けられ、その数は大小合わせた270以上。すべての曲輪群をたどると、まる一日かけても時間が足りないほど。

三の丸の南東に厩の壇。本丸の北東尾根に釜屋の壇、堀切を経て羽子の丸。本丸の北尾根に姫の丸の壇。本丸の北西尾根に釣井の壇。本丸の南西尾根に御蔵屋敷、さらに勢溜の壇と続く、郡山全山を要塞化した巨大山城である。

城跡一帯は国指定史跡

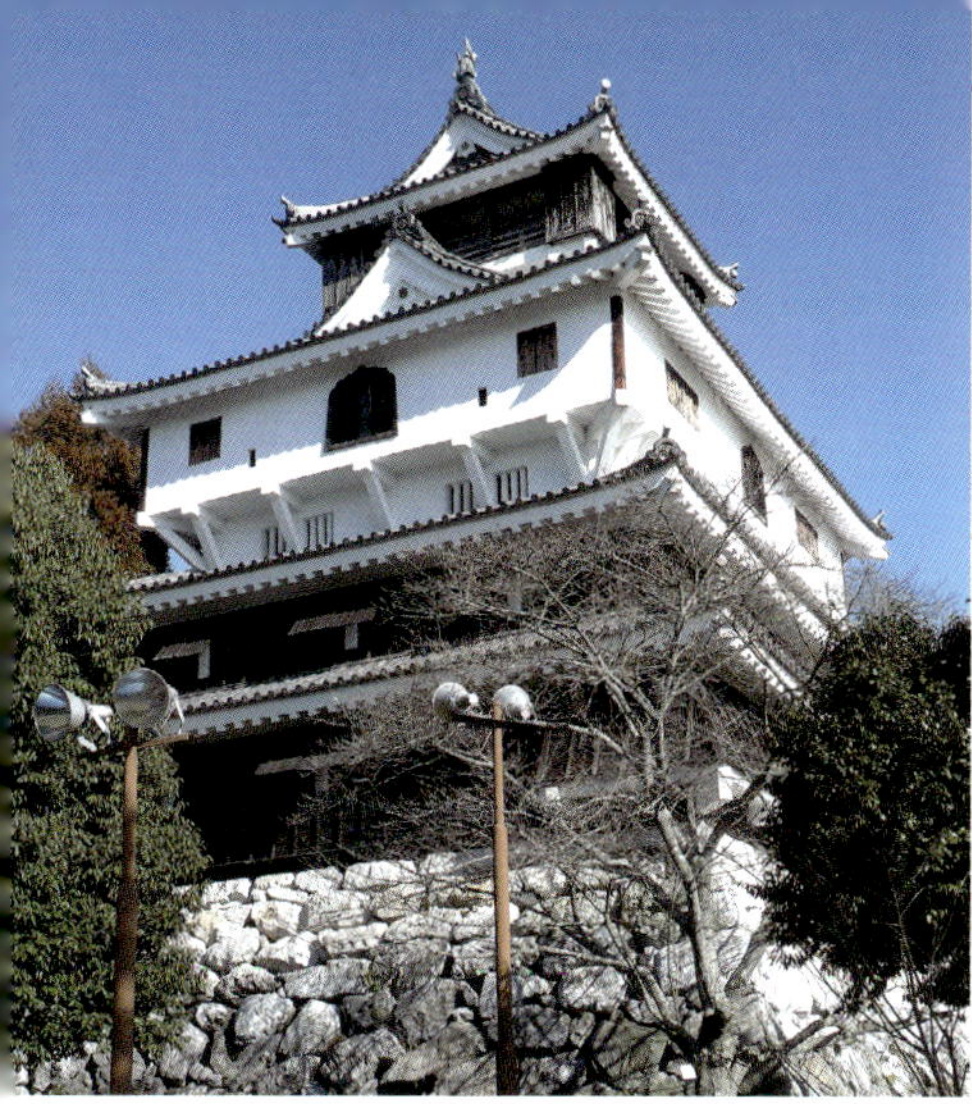

天守は3階より上層の4階が外へ張り出した南蛮造

山口県（周防国）

岩国城《いわくにじょう》

【山口県岩国市／日本100名城】

歴代城主

◆慶長5年（1600）～ 吉川氏3万石	◆元和元年（1615） 廃城

DATA

●岩国城天守閣
交 JR山陽本線岩国駅からバス20分錦帯橋下車、徒歩10分の山麓駅からロープウェー3分山頂駅下車。
P あり(無料)
営 9:00～16:30
休 年末などにロープウェーの点検・運行に伴う休館あり。
料 260円
☎ 0827-41-1477（錦川鉄道岩国管理所）

【横山の山頂に再建された天守】

岩国の名所、錦帯橋《きんたいきょう》。橋の向こう側には標高約300mの横山の段丘がせまり、頂上には岩国城天守がそびえたつ。この天守は本来の場所とは異なる場所に昭和37年（1962）に外観復元されたもの。古図を参考にし、外観は往時と同様の南蛮造りで復元されている。

天守の内部は資料館で、岩国ゆかりの資料を展示公開している。最上階からは錦川に架かる錦帯橋や瀬戸内海の島々の眺めが素晴らしい。

【築城から7年で破却された城】

本来の天守は本丸の北に建てられた。旧天守台跡に石垣が復元されている。天守がなくなった理由は、元和元年（1615）の一国一城令により、取り壊しとなったからだ。築城からわずか7年のことだった。

岩国城を築いた初代城主は吉川《きっかわ》広家。慶長5年（1600）に岩国へ入封し、岩国城を築いたが、前述のように破却となる。が、山麓に造った御土居は残された。

御土居は、吉川氏の居館と政治を行う機能をもち、以後13代が居館とした。

【吉香《きっこう》公園】

江戸時代の御土居は横山を背後に控え、三方を石垣と堀をめぐらし、3基の櫓を設けていたというが、現在は吉香公園の一部となっている。園内は堀の一部が残り、岩国藩家老香川《かがわ》家長屋門や、国の重要文化財指定を受けた旧目加田《めかた》家住宅などがある。近くには吉川史料館があり、城主吉川家に伝わる資料や美術工芸品を展示する。

【吉川氏が築いた錦帯橋】

3代広嘉《ひろよし》が城下町（横山と錦見）を結ぶ目的で延宝元年（1673）に完成させた。木造5連の美しいアーチ橋は日本三名橋のひとつに数えられる。

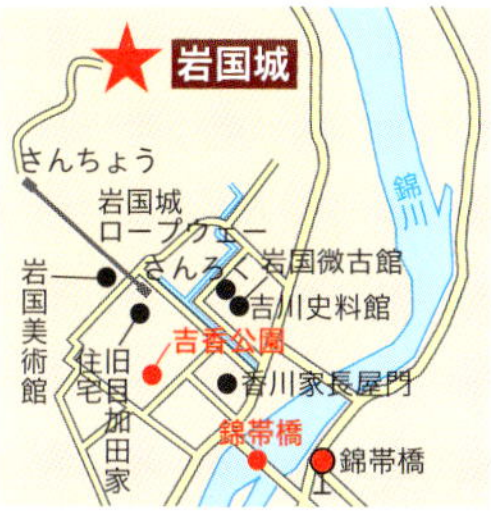

錦帯橋と岩国城。錦帯橋の渡橋料は300円(往復)

山口県（長門国）

萩城《はぎじょう》

【山口県萩市／日本100名城】

歴代城主

◆慶長5年（1600）～
毛利氏36万9000石

北の総門

DATA

●萩城跡（指月公園）
営8:00～18:30、11～2月は8:30～16:30、3月は8:30～18:00
休無休
料210円（旧厚狭毛利家萩屋敷長屋と共通券）
交JR山陰本線萩駅から萩循環まぁーるバス20分萩城跡・指月公園入口 北門屋敷入口下車
Pあり（無料）
☎0838-25-3139（萩市観光課）

【毛利氏の減封】

戦国時代、中国地方を支配した毛利元《もと》就《なり》。その礎は孫の輝元へと受け継がれ、中国8カ国120万石の太守となった。輝元は5層の天守をもつ広島城を築き本拠としたが、関ケ原の合戦で敗れ、徳川家康により長門・周防2カ国36万石に領地を減らされた。そして、減封後に、家康から許された本拠地は、阿武《あぶ》川河口のデルタ地帯、萩だった。

【明治維新の萌芽はここから】

毛利輝元は慶長9年（1604）に築城に着手。日本海に突き出た島の周囲を埋め立てて陸続きとし、城を築くという難工事とあって、完成までに4年の歳月を費やした。これが現在の萩城跡である。

以後、萩城は長州藩主毛利氏代々の居城となるが、13代毛利敬親《たかちか》は文久3年（1863）に藩庁を山口へ移すために山口城を築城。攘夷を実行するためだったという。それからの長州藩は幕末の激動の時代に大きな役割を果たすことになる、明治維新の原動力となった多くの人材を輩出した。

【北の総門】

総門は城下町から三の丸に通じる門で、3カ所あったうち北の総門が復元されている。高麗門、土塁、外堀と堀に架かる土塀付き土橋など、歴史的景観の保存整備がなされている。

【指月《しげつ》公園】

萩城跡は国の史跡に指定されており、山麓の本丸と二の丸が指月公園として整備されている。園内には石垣や土塀の一部が残り、往時をしのばせる。また藩主の庭園であった東園、13代長州藩主毛利敬親が別邸につくった茶室を明治時代に移築した花江茶亭、梨羽家茶室（煤払いの茶室）、萩藩永代家老福原家の萩邸宅の書院だった旧福原家書院などがある。

【良好に残る多彩な石垣】

指月公園の入り口にあたるのが二の丸南門跡で、枡形虎口の石垣が残る。内堀に架かる極楽橋からは、左手に優美な勾配を持つ天守台が望め、天守台から続く石垣には規模の大きな雁木が見られる。また、東側の海岸沿いには石垣と土塀が続き、海辺の城らしい景観を見せる。

【江戸時代の町並み・武家屋敷町】

萩の魅力は、城跡だけでなく、城下に残る数多くの史跡であろう。萩を訪れたら、城下町散策も楽しみたい。萩は天災や戦災を免れたため、今もなお城下町の面影が色濃く残っている。現在でも往時の町筋が現存、特に萩城三の丸に通じる中の総門東側の一帯は、家並みの配置が当時の状況を今に伝えている。

【松陰神社（しょういんじんじゃ）】

吉田松陰を祭神とする神社。境内には、ユネスコの世界文化遺産に登録されている「松《しょう》下《か》村塾《そんじゅく》」がある。また、松陰の遺墨や遺品類などを展示する「松陰神社宝物殿 至誠館」もある。松陰神社は参拝自由。「松下村塾」は外観のみ見学自由。「松陰神社宝物殿 至誠館」は9～17時、無休、入館料500円、TEL0838-24-1027

指月山上に詰丸がある。内堀に臨む石垣の左端に天守台がある

天守台

三の丸　堀内地区（旧上級武家地）

本丸天守台から続く雁木

東海岸の石垣と土塀

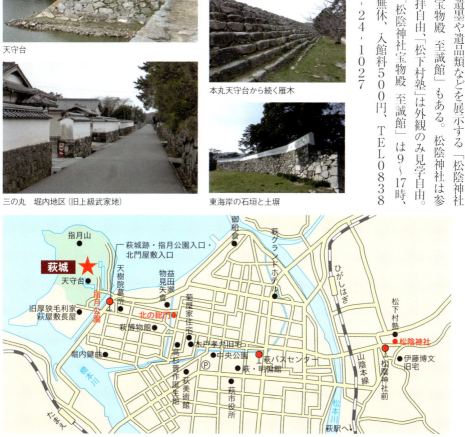

松山城《まつやまじょう》

【愛媛県松山市／日本100名城】

天守と小天守

歴代城主

◆慶長8年（1603）～
加藤氏20万石
◆寛永4年（1627）～
蒲生氏20万石
◆寛永12年（1635）～
松平（久松）氏15万石

DATA

●松山城（城山）
交 JR予讃線松山駅から伊予鉄道市内線10分大街道下車、徒歩5分で城山ロープウェイ乗り場。山上（長者ヶ平）へはロープウェイまたはリフト約3～5分。
P あり（有料）

●松山城（有料エリア）
営 9:00～16:30（8月は～17:00、12・1月は～16:00）
休 12月第3水曜日
料 入場料510円
☎ 089-948-6557（松山市観光・国際交流課）
089-921-4873（松山城総合事務所）

●松山城二之丸史跡庭園
営 9:00～16:30（8月は～17:00、12・1月は～16:00）
休 12月第3水曜日
料 入園料200円
☎ 089-921-2000

【26年に及ぶ加藤嘉明《よしあき》の築城】

松山城は道後平野の中央、標高132mの勝山《かつやま》（城山）山上に造られた平山城。美しさと堅固さを兼ね備えた名城だ。

戦国時代、豊臣秀吉に仕えた武将の加藤嘉明が、関ヶ原の合戦で徳川方につき、戦功を認められて伊予20万石を拝領。嘉明は慶長7年（1602）から、勝山の頂上に城の建設を開始する。このため城は当初は山の名称から勝山城と呼ばれたが、嘉明は山中に松の木を植え、城の名称も縁起をかついで松山城と改めたといわれる。

加藤嘉明は松山城の築城に26年もの歳月をかけた。その理由のひとつは山上に資材を運ぶ手間、そして複数峰であった勝山山頂を平らにならす大工事が必要だったこと、などがあげられる。

【外様の城から徳川親藩の城へ】

寛永4年（1627）、松山城が一応の完成を見たこの年に嘉明は会津40万石に転封。20万石が40万石になる大出世だったが、ようやく完成した松山城でもっと過ごしたいとの思いもあったろう。替わって入封した蒲生《がもう》氏は跡継ぎが無く断絶。伊勢桑名から松平（久松）氏が入城して松山城は徳川親藩の城となった。結果的には外様大名の加藤嘉明に築城をさせて、完成した城に親藩大名がおさまった形となった。

【迷路のように複雑な縄張】

城の縄張は複雑で、大手門からの登城道は天守を正面に見たり逆方向に進んだりと何度も進路を変えさせられる。本丸でも一ノ門から天守がすぐ近くに見えながら右へ左へと複雑に折れ曲がった道筋をたどらないと到着しない、迷路のような造りになっている。

【大手門跡】

松山城にはロープウェイやリフトで登

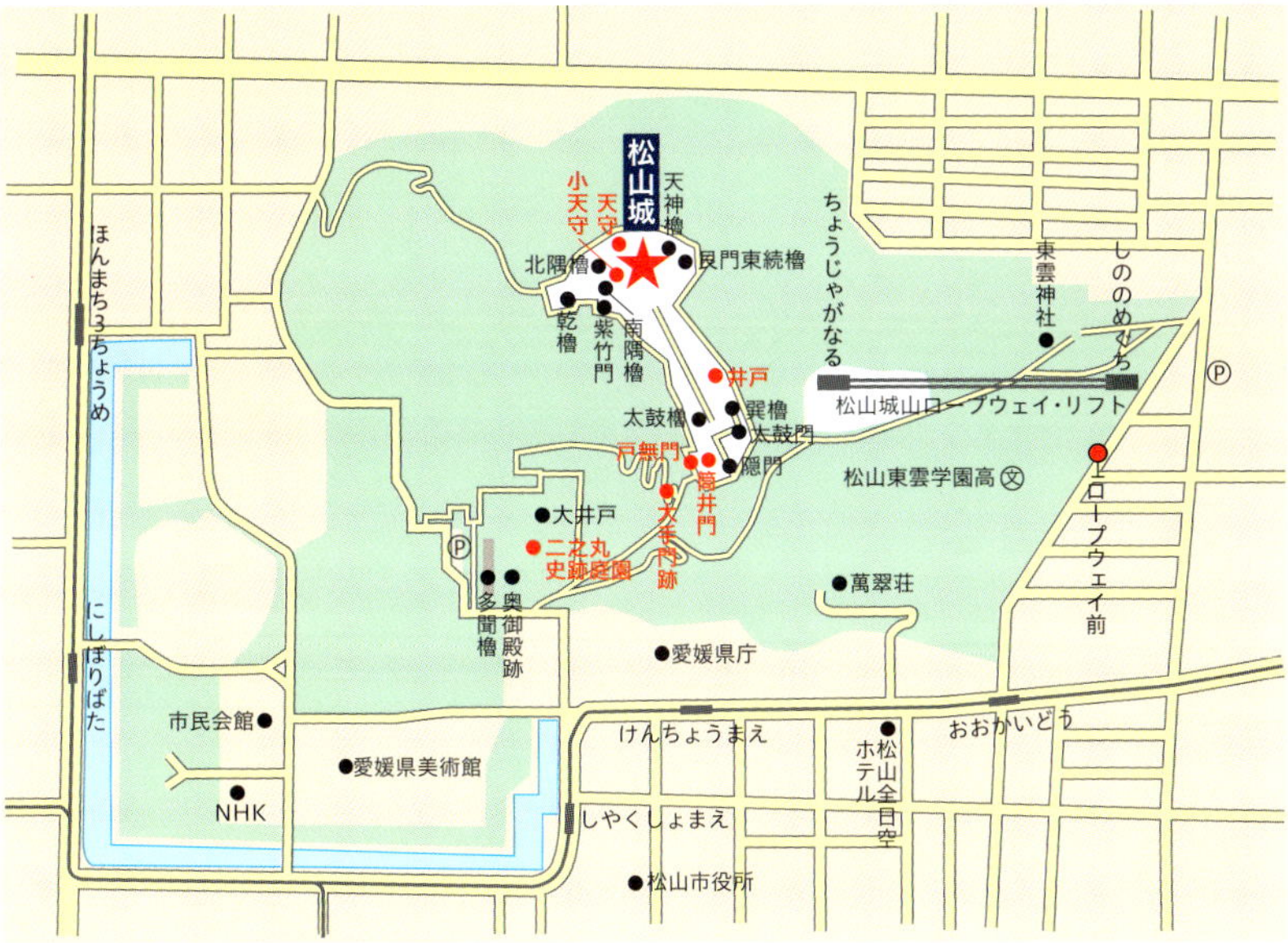

るのが一般的だが、ロープウェイでやってくると大手門は通らない。本来の登城ルートは山麓の二之丸からつづら折れの道を登って大手門へと向かう。ロープウェイ長者ヶ平《なる》からやってくる道と二之丸からの道が合流する場所から少し二之丸方面へ行くと大手門跡の石垣がある。

【筒井《つつい》門と戸無《となし》門】

大手門跡から正面に天守を見ながら進み、途中で逆方向に戻る形で進むと戸無門。戸無門は門扉がないが、これは万一の場合侵入した敵を惑わすためといわれる。戸無門をくぐると筒井門。筒井門は右手の石垣の背後に隠門がある。堅固な造りになっている筒井門に敵が殺到すると、脇の隠門から迎撃部隊が敵の側面攻撃にあたれる、という造りになっている。戸無門、隠門、隠門続櫓は重要文化財。

【井戸】

復元建築の巽櫓から太鼓門をくぐると本丸。右手の売店の前に井戸がある。松山城本丸は山の上としてはかなり広い平地が確保されているが、これは２つの山の頂上を削り、間の谷を埋めて山上に平地を造るという大工事で誕生したもの。その谷底にあった泉がこの井戸の水源とされ、深さは４４・２ｍにも及ぶ。加藤嘉明の築城の苦労を思うエピソードだ。

【天守曲輪（本壇《ほんだん》）】

松山城は本丸の曲輪の中に天守を中心としたもうひとつの曲輪がある。大天守を中心に小天守、南隅櫓、北隅櫓などが渡櫓で結ばれてひとつの天守曲輪を構成する連立式天守になっており、本壇をつくっている。

登城するには天守を正面に見て右側の一ノ門から枡形を経て左へ曲がって二ノ門をくぐり、逆方向に進む形で三ノ門、さらに筋鉄門を経て内庭へ入り、天守の玄関へ入ることになる。天守曲輪の一部の建物は昭和８年（１９３３）に火災に遭っているが、天守と一ノ門・二ノ門などの諸門および諸門に付帯する櫓などは往時の姿をとどめており重要文化財。小天守南隅櫓・北隅櫓などは再建されたものだ。

【天守】

加藤嘉明が建てた5重の壮大な天守は、寛永16年（1639）から3年かけて、松平定行によって3重に改築された。幕府へ遠慮してのことという。このため天守は全体にずんぐりむっくりとした印象を受ける。その天守も天明4年（1784）、落雷による火災で焼失。現在見られる天守は嘉永5年（1852）前後の再建によるものだ。

【二之丸史跡庭園】

松山城の二之丸は蒲生氏時代に完成したといわれ、藩主の居館があったが、松平氏の時代には居館は三之丸に移り、二之丸は別邸として使われた。大手門跡からつづら折れの道を20分ほど下ると二之丸である。現在は二之丸史跡庭園になっていて、庭園には御殿跡の間取りを示す区割りがみられる。特に東西18m・南北13m・深さ9mの巨大な井戸は興味深い遺構だ。

【登り石垣】

登り石垣は、山の斜面を登っていくように築かれた石垣。豊臣秀吉の朝鮮出兵の際、朝鮮各地で日本軍が築いた「倭《わ》城《じょう》」に見られるもので、敵兵が山腹を移動するのを阻み、山腹から城内への侵入を防ぐためのもの。朝鮮半島から帰国した大名によって、日本国内の城にも設けられたが、彦根城、洲本城、鳥取城、米子城など限られた城にのみ見られる。松山城には山麓の二の丸と標高132mの本丸を結ぶ国内最大級の登り石垣が現存する。南北2カ所あるうち、南側のものがほぼ完全な状態で保存されている。

待合番所跡付近の風景。奥に天守が見える

乾門

野原櫓（重要文化財）

本丸西側の石垣と天守群

愛媛県（伊予国）

河後森城《かごもりじょう》

【愛媛県松野町／続日本100名城】

東第四曲輪から古城方面を見る。間には深さ3mの堀切がある。古城第二曲輪の奥には古城が見える。

歴代城主

中世城郭、河原淵氏居城

DATA	
交 JR予土線松丸駅から徒歩20分	P あり（無料） ☎ 0895-42-1118（松野町教育委員会）※見学自由

【伊予と土佐の国境に位置する城】

築城年代は不詳。発掘調査により、城として機能していたのは15世紀後半から16世紀にかけてと考えられている。当時、周辺は土佐の一条氏と長宗我部氏との間の戦闘の舞台だった。この時期の城主は土佐一条氏一門から養子に入った河原淵教忠という。その後、城の支配者は変わり、元和元年（1615）、徳川幕府の一国一条令で廃城になったとされる。

【尾根上に展開する多数の郭】

現在、城跡一帯は国の史跡。四万十川支流の広見川と、その支流の鰯川・堀切川の3つの川に囲まれた、標高171mの独立丘陵上に河後森城はある。最高所の本郭を中心に、山の稜線部には馬蹄形に曲輪が展開。馬蹄形の中央には南北に延びた谷があり、風呂ヶ谷と呼ばれている。この風呂ヶ谷を囲むように、西は9つの郭が、東は7つの郭が、さらにその南には新城の郭群が、階段状に連なる。

風呂ヶ谷から登ると西第十曲輪。西側の尾根の東側先端部にあり、復元建造物が建ち、切岸も往時の状態に復元されている。正面に新城、背後の高い所に本廓が見える。

復元建造物があるのが西第十曲輪。右上が本郭

西第二曲輪と西第四曲輪との間には、深さ2mほどの堀切が見られる。堀底部分の幅は1mもないが、通路を兼ねていたと思われる。

ここから側面を上がっていくと西第二曲輪、その先の堀切越しに本郭があり、本郭の手前には城門跡と石垣が残されている。本郭には建造物の構造がわかるようにと、整備がなされている。これを見ると、本郭には少なくとも3棟の建造物が存在していたようだ。

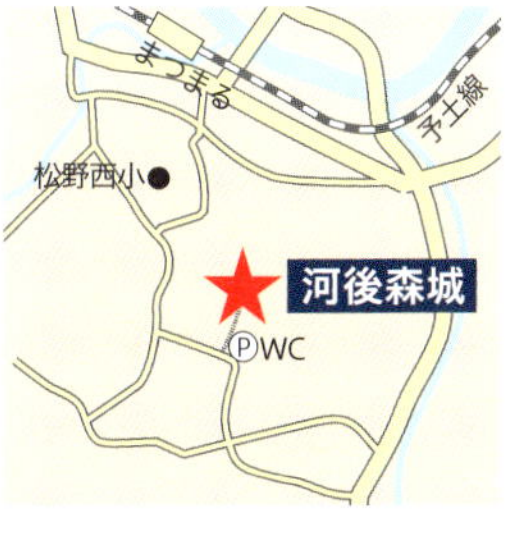

宇和島城《うわじまじょう》

【愛媛県宇和島市／日本100名城】

天守。式台玄関があるのは珍しい

歴代城主

◆慶長13年（1608）～
富田氏12万石

◆元和元年（1615）～
伊達氏10万石

DATA

●城山公園
営6:00～18:30（11～2月は～17:00）
休無休
料無料
交JR予算線宇和島駅から徒歩10分
Pあり
☎0895-24-1111（宇和島市文化・スポーツ課）

●宇和島城天守
営9:00～17:00（11月～2月は～16:00）
休無休
料200円
☎0895-22-2832

【かつては宇和海に臨む海城】

宇和島の市街地のほぼ中心、標高80mの城山に3層3階の天守が優雅な姿をみせている。かつては、この城の西と北の2辺のすぐ近くには海が迫る海城であった。江戸時代以降徐々に埋め立てが進み、その埋め立て地に市街が形成された。天守を中心にした城山の一帯は国の史跡として指定されている。

【藤堂高虎《とうどうたかとら》と宇和島城】

城の原型は、戦国時代に西園寺氏が築いたとされる。そのころは板島丸串城と呼ばれ、番城程度の規模であったらしい。その後、天正13年（1585）、小早川隆景の所領となった。

現在の地に天守を築いたのは、文禄4年（1595）に7万石で入城した藤堂《とうどう》高虎《たかとら》である。高虎は多くの城づくりにかかわり、築城の名人としてその名を残す人物だが、宇和の地を与えられたのは、朝鮮出兵での活躍が評価されてのことだった。高虎は約6年をかけ、天守をはじめ、堀や石垣などを備えた城郭を完成させた。高虎は、関ケ原の合戦後、その功績により伊予今治を加増された後、伊勢国津城へ転封となった。

【伊達家居城として明治維新に至る】

その後、宇和島城主には富田信高を経て、元和元年（1615）に大坂冬の陣の戦功によって仙台藩主伊達《だて》政宗《まさむね》の長男の伊達秀宗《ひでむね》が入城した。以後、宇和島伊達家の居城として明治維新まで続いた。

【江戸時代に築かれた天守】

伊達氏2代の宗利《むねとし》は、寛文4年（166

藤堂高虎が構築したという藤兵衛丸石垣

4）に城の大改修に着手し、寛文11年（1671）に完成させた。そのときの代表的な建築物が今日目にする天守で、全国に現存する12の天守のひとつ。国の重要文化財となっている。

3層3階のこの本瓦葺きの天守は江戸時代の政権安定期に築かれた。それゆえこの天守には、他の城郭に見られる石落や鉄砲狭間、矢狭間など、防衛のための設備が設けられていない。また天守玄関にある式台は、いわば御殿の建造物であり、他の城郭で天守に設けた例はない。これもまた平和な時代の城の象徴といえる。土台から天守最上階までの高さは15・8m。

【城内に残る数々の遺構】

城山への登城口は北口と南口の2ヶ所。駐車場があり、駅からも近いので北口を利用する人が多い。北口の登城口には旧桑折《こおり》家武家長屋門がある。宇和島藩家老桑折氏の長屋門（江戸中期）を昭和27年（1952）に移築したものだ。

ここから長門丸、雷門跡、藤兵衛丸などをたどり、本丸までは徒歩約15分。途中、藤堂高虎が築いたと伝わる野面積みの石垣や、本丸跡の高石垣などの遺構を見ることができる。天守の周辺にも櫓の跡などが残る。

本丸の北には深さ11mの井戸が残る「井戸丸」がある。

登城口の南口には、上り立ち門と呼ばれる門が建つ。

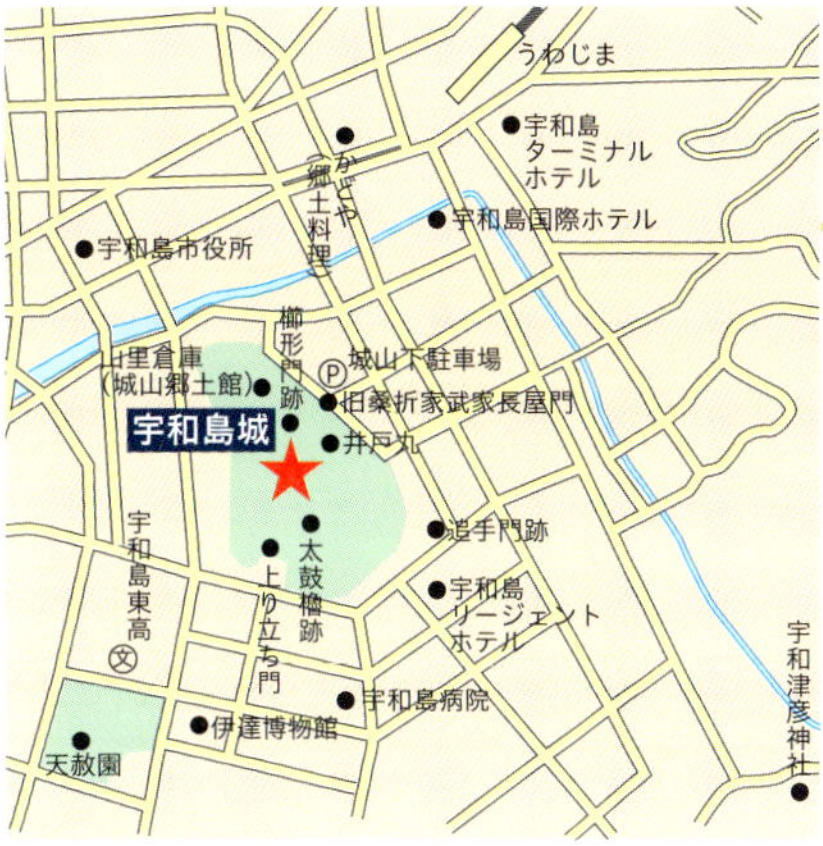

櫛形門跡（本丸虎口）

上り立ち門。搦手に位置する薬医門形式の建造物

8代藩主の時代に建てられた武器庫という山里倉庫

二の丸へ上る石段

道後公園となった城跡には、土塁や建造物が復元されている

愛媛県（伊予国）

湯築城《ゆづきじょう》

【愛媛県松山市／続日本100名城】

歴代城主

中世城郭、河野氏居城

DATA

交 JR予讃線松山駅から市電20分、道後公園電停下車。

P あり(有料)

☎ 089-941-1480（道後公園）※見学自由

【伊予国守護河野氏の城】

道後温泉の入り口にある中世城郭跡。伊予国の守護であった河野氏が、南北朝時代から戦国期（14世紀前半〜16世紀末）まで、約250年間にわたり居城としていた。当初河野氏は河野郷（松山市北条地区）を本拠地としていたが、南北朝期の通盛《みちもり》の時（14世紀後半）、湯築城へ本拠を移した。河野氏が一時期、瀬戸内最大の支配力を有したのは、湯築城を本拠地として、道後平野の稲作による豊富な食料を確保したからと思われる。

豊臣秀吉の四国征伐で、河野氏は滅亡。湯築城は、伊予を与えられた小早川隆景の城となる。その後、隆景は筑前に移封となり、福島正則が湯築城に入った。しかし、正則が国分山城に移ったため、廃城となった。

【堀や土塁が残る】

城跡は道後公園として整備されている。発掘調査により、公園南部では、外堀の内側に排水溝をともなった道路が巡らされていたことが判明。外堀と内堀との間の平地部のうちの西側は建物礎石・土塀などの遺構が発見されたことから「家臣団居住区」と推定。東側は広い区画内に庭園区をともなう遺構から「上級武士居住区」と考えられている。道後公園には資料館や、復元された家臣団屋敷などが建つ。

湯築城は、自然の地形を利用して作られた平山城で、築城当初は、中央の丘陵部を利用した砦だったと思われる。その後、周囲に外堀を設け、内堀と二重の土塁を巡らせたと推定される。これらの堀や土塁などの遺構は良好に残っている。

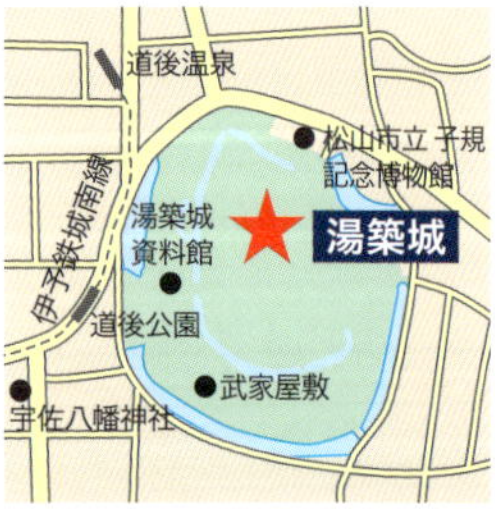

復元された外堀と虎口の土塁

内堀西側から見た今治城。天守の左は山里櫓

愛媛県（伊予国）

今治城《いまばりじょう》

【愛媛県今治市／日本100名城】

歴代城主

◆慶長5年（1600）～藤堂氏20万石

◆嘉永12年（1635）～松平（久松）氏3万石

DATA

●吹揚公園（今治城跡）
交 JR予讃線今治駅からバス約9分今治城前下車
P あり（有料）
☎ 0898-36-1541（今治市観光課）※見学自由

●今治城
営 9:00～17:00
休 12月29日～12月31日休
料 入館料500円（御金櫓、山里櫓、鉄御門・武具櫓の共通料金）
☎ 0898-31-9233（今治城管理事務所）

【日本三大水城のひとつ】

今治は瀬戸内海に面し、海上交通の要所。その海岸に築かれたのが今治城だ。高松城（香川県）、中津城（大分県）とともに日本三大水城のひとつ。往時は内堀、中堀、外堀と堀が三重にめぐらされ、内堀以外の堀に海水を引き入れていた。中堀の一部に「舟入」と呼ばれる場所が設けられ、船で城内への出入りもできた。

現在は周囲1.2㎞ほどの内堀が残るのみだが、水城の趣は健在だ。

【藤堂高虎《とうどうたかとら》の城】

二の丸跡には鉄御門《くろがね》が再建されており、その石垣の中に勘兵衛《かんべえ》石という巨石がある。慶長7年（1602）から始まった今治城築城で総奉行だった渡辺勘兵衛ゆかりの石という。勘兵衛がつかえた今治城主が、築城の名手といわれる藤堂高虎。関ケ原の合戦で戦功をあげ、伊予国20万石を領し、東伊予に新たな拠点を求めた。従来の東伊予の支配拠点の国分山城は不便であったため、領国支配と水陸交通の掌握のために新たな城地を求め、現在の瀬戸内海沿岸の海岸に城を築いたのである。本丸、二の丸の石垣の下に犬《いぬ》走《ばしり》という細い通路がめぐらされているが、高虎の時代の遺構である。

【再建された天守と櫓】

内堀に囲まれて二の丸跡と本丸跡が残る。二の丸跡には前述の鉄御門のほか、昭和55年（1980）に武具櫓《ふぐやぐら》、昭和60年に御金櫓《おかねやぐら》、平成2年（1990）には山里櫓が再建された。御金櫓は郷土美術館、山里櫓は古美術館となっている。

本丸跡には昭和55年（1980）に再建された5層6階の天守が建つ。藤堂高虎が築いた天守は慶長15年（1610）に解体され、天下普請の丹波亀山城の用材にされたらしい。以後、天守はないままであった。再建された天守内部には今治城や今治藩の資料が展示されている。

再建された御金櫓。石垣や、水際の犬走は高虎時代の遺構

大洲城《おおずじょう》

【愛媛県大洲市／日本100名城】

三の丸から見る天守

歴代城主

- ◆文禄4年（1595）～ 藤堂氏（宇和島支城）
- ◆慶長14年（1609）～ 脇坂氏5万3000石
- ◆元和3年（1617）～ 加藤氏6万石

DATA

●**大洲城跡**
交 予讃線伊予大洲駅から徒歩30分。または同駅からバス5分の大洲本町下車、徒歩10分
P ありり（有料・市民会館駐車場）
☎ 0893-57-9993（大洲市教育委員会文化スポーツ課）

●**大洲城天守**
営 9:00～16:30
休 無休
料 500円（臥龍山荘との共通観覧料は800円）
☎ 0893-24-1146

【復元された天守】

大洲城の天守は明治維新後の取り壊しを免れたが、建物の荒廃が進んだため、明治21年（1888）に解体された。それから約1世紀余りの歳月を経て、平成16年（2004）に再建された天守は、江戸時代の天守雛形（小型模型）や、明治時代の古写真などの資料をもとに往時の姿をできるだけ忠実に復元したもの。木造4階建て、高さ19・15mは、戦後に再建された木造天守のなかでもっとも高い。

【賤ケ岳七本槍・脇坂安治の居城】

大洲城の歴史は、鎌倉時代末期、伊予国の守護・宇都宮豊房が築いた地蔵ヶ岳城に始まるとされる。その後、戦国時代の攻防を経て、戸田勝隆、藤堂高虎などが城主に任ぜられた。

江戸時代になり、慶長14年（1609）に淡路洲本から脇坂安治《わきざかやすはる》が入城し、城の大改修に取り組んだ。このときに4層4階の天守を築いたという。安治は、もとは、羽柴（豊臣）秀吉に属した武将で、賤ケ岳七本槍のひとりとして柴田勝家と戦ったほか、朝鮮出兵や小田原攻めでも活躍した。慶長5年（1600）の関ヶ原の合戦で、石田三成の西軍から徳川家康の東軍に走った。これにより徳川政権へ変わっても、脇坂家を安泰としたのである。

【高欄櫓と台所櫓】

脇坂氏2代のあと、元和3年（1617）、伯耆米子から加藤貞泰《かとうさだやす》が6万石で入封。以後、大洲城は明治の廃藩置県まで加藤氏13代の居城となった。

加藤氏の時代の遺構として今に伝えられているのが4基の櫓。いずれも国の重要文化財で、そのうち高欄櫓《こうらんやぐら》と台所櫓の

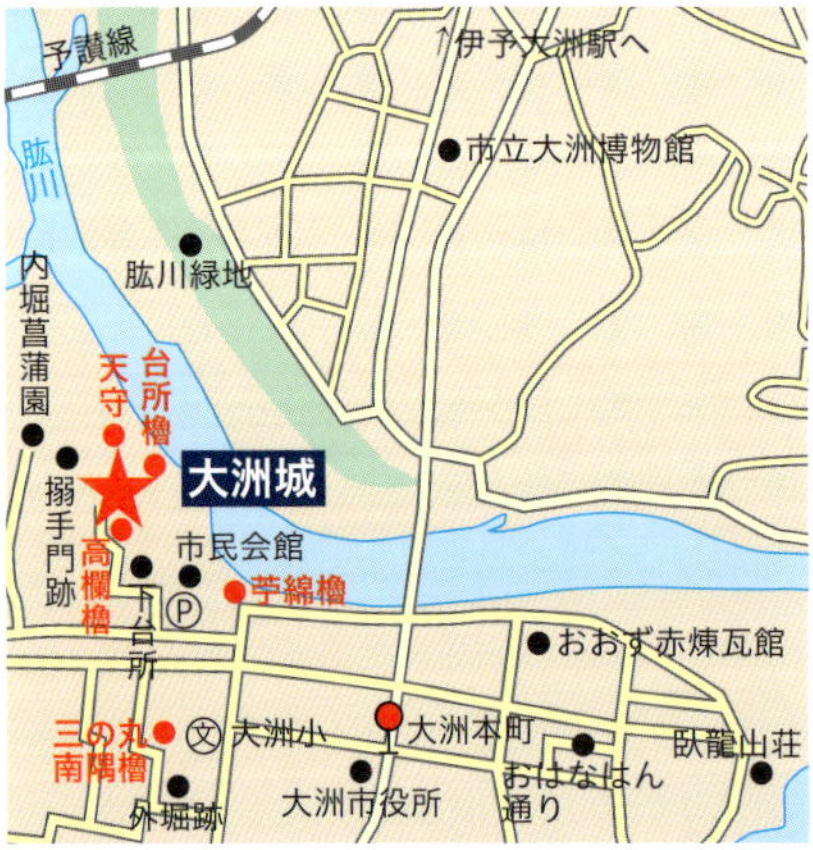

高欄櫓。櫓に高欄があるのは珍しい

二の丸に現存する下台所

本丸。中央が復元天守。櫓は江戸時代からの現存で、右が台所櫓、左が高欄櫓

2基が本丸跡に残り、天守とともに城郭美を見せている。

高欄櫓は2層2階、天守の南側に建ち、2階は高欄を備えた望楼式になっている。現存のものは、万延元年（1860）の再建だ。台所櫓は天守の西側に建ち、やはり2層2階。安政6年（1859）に再建されたものが現存する。「台所」の名前を冠しているように、1階の3分の1が土間になっていて、炊事に利用できる。

二の丸の東端にある苧綿櫓

【展示施設となっている天守】

復元された天守は展示施設になっていて、江戸期の築城の様子を再現したジオラマや現天守再建の資料などが見られる。復元天守と多聞で結ばれた重要文化財の高欄櫓、台所櫓に内部も見学できる。

【苧綿《おわた》櫓と南隅櫓】

4基の重文の櫓のなかで二の丸跡に残るのが苧綿櫓。肱川《ひじかわ》に望む2層2階の優美な趣の櫓である。天保14年（1843）に再建されたもの。

4基の重文の櫓のなかで三の丸跡に残るのが南隅櫓だ。江戸時代の三の丸には武家屋敷が並んでいたが、現在は市街地となっていて、その一角、愛媛県立大洲高校第2運動場テニスコートの北側に南隅櫓が建っている。2層2階。明和3年（1766）に改築されたもの。

三の丸南隅櫓と外堀跡

徳島城《とくしまじょう》

【徳島県徳島市／日本100名城】

本丸へと上る石段と周辺の石垣

歴代城主

◆慶長5年（1600）～
蜂須賀氏17万6000石

DATA

●徳島中央公園（徳島城跡）
交 JR高徳線徳島駅から徒歩10分
P あり(有料)
☎ 088-621-5295(徳島市公園緑地課) ※見学自由

●旧徳島城表御殿庭園
営 9:30～16:30
休 月曜（祝日の場合は開園）、祝日の翌日(日曜・祝日の場合は開館）、年末年始休
料 入園料50円

●徳島城博物館
営 9:30～16:30（入館）
休 月曜（祝日の場合は開館）、祝日の翌日（日曜・祝日の場合は開館）、年末年始休。ほか、特別展準備などによる休館あり
料 入館料300円(常設展)
☎ 088-656-2525

【蜂須賀《はちすか》氏の城】

築城は天正14年（1586）。豊臣秀吉から四国平定の軍功によって、阿波を与えられた蜂須賀家政が、標高約62mの猪山《いのやま》（城山）の山上と、その山麓に築いた。

家政は秀吉の重臣であり、幾多の伝説で知られる蜂須賀小六こと正勝の嫡男。関ケ原の戦いでは、家政の息子の至鎮《よししげ》を徳川家康の東軍に従属させ、自身は隠居して参戦しなかった。そうした選択が功を奏した。蜂須賀家は徳川政権樹立後も徳島城主として存続。元和元年（1615）には25万7000石に加増された。

【城跡は公園に整備】

江戸時代は城山の山頂に本丸が置かれ、東二の丸、西二の丸、西三の丸を階段状に配置。南の山麓には藩主の御殿、西麓の西の丸には隠居した藩主の屋敷などがあったという。

城跡一帯は徳島中央公園として整備され、国の史跡に指定されている。往時の姿を伝える石垣や、東二の丸の天守跡などが残る。城跡の南東に建つのは鷲の門。昭和20年（1945）の戦災で焼失、平成元年（1989）に復元された。

【旧徳島城表御殿庭園】

山麓の御殿跡に残るのは旧徳島城表御殿庭園。蜂須賀家の居間や表書院の庭として造られた。蜂須賀家政の庇護を受けた茶人武将、上田主水《もんど》（宗箇《そうこ》）作の名園で、国指定の名勝となっている。この庭園のすぐ前には徳島城博物館がある。徳島藩と蜂須賀家の資料を展示している。

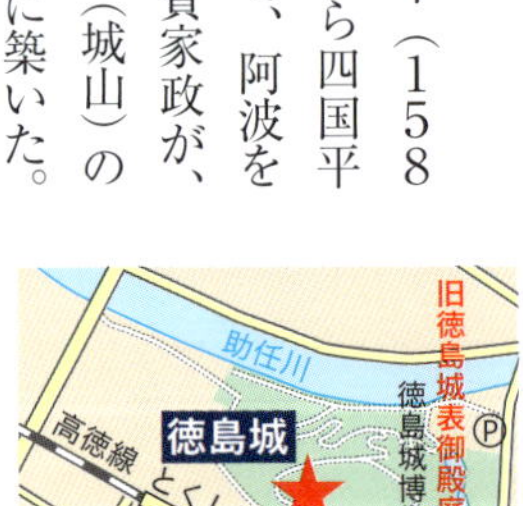

内堀と下乗橋。橋を渡った先は、枡形になっている

二の丸に建つ四万十市郷土博物館。外見は犬山城がモデル

中村城《なかむらじょう》

【高知県四万十市】

歴代城主

中世城郭、一条氏居城

◆慶慶長6年（1601）～山内氏支城

◆元和元年（1615）廃城

DATA

●為松公園
交 土佐くろしお鉄道中村線中村駅から徒歩45分（タクシー約10分）
P あり（無料）
☎ 00880-34-1555（四万十市観光協会）※見学自由。

●四万十市立郷土資料館
営 8:30～16:30
休 12月31日～1月1日
料 入館料200円
☎ 0880-35-4096

【土佐一条氏の城】

四万十市の市街地北部、西に四万十川《しまんと》、東に後川が流れ、中村平野を一望できる丘陵に築城された山城。

城主の土佐一条氏は前関白《さきのかんぱく》・一条教《のり》房《ふさ》を祖とする。15世紀後半、教房とその一族は、応仁の乱の混乱を避け、荘園があった土佐中村に下向。この地の豪族為《ため》松《まつ》氏を家老に取り立て、その為松氏が整備したのが中村城の始まりと思われる。

一条教房は大名として土着。関白まで務めた由緒ある家柄のため、一条家の館は「中村御所」とも呼ばれたという。

天正元年（1573）、5代目となる一条兼定《かねさだ》が豊後へ追放され、中村城は長《ちょう》宗《そ》我《か》部《べ》元親《もとちか》の支配下となる。元親にとって恩義ある一条家の城を配下に置いたことは、四国全土制覇を意識させるきっかけとなった出来事かもしれない。

その後、元親の息子・盛親《もりちか》は関ケ原の合戦で西軍についたため改易。土佐は山《やま》内《うち》一豊《かつとよ》に与えられ、中村城には一豊の弟康豊《やすとよ》が入城。しかし元和元年（1615）、一国一城令に伴い廃城となった。

【二の丸に模擬天守の博物館】

城跡には土塁や石垣などが残っている。石垣は中村藩2代藩主山内政豊時代の慶長18年（1613年）に修復されたものといわれる。

現在、城跡の一帯は為松公園として整備されており、山麓から登っていくと、東城を経て駐車スペースとなっている鞍部に着く。鞍部の東側が本丸（為松城）で、石垣の脇から進むと二の丸。みごとな土塁が残っており、天守閣を模した四万十市郷土博物館が建つ。二の丸からさらに東にも郭が連続する。

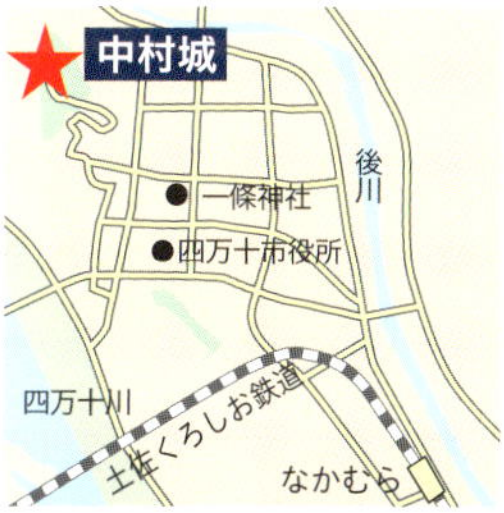

本丸の石垣

東城の郭

二の丸への石段から天守（重要文化財）を見る

高知県（土佐国）

高知城《こうちじょう》

【高知県高知市／日本100名城】

歴代城主

◆慶長6年（1601）～
山内氏20万2000石

DATA

●高知城
交 土佐電鉄伊野線高知城前駅から徒歩5分（JR土讃線高知駅から徒歩30分）
P あり（無料）
☎ 088-823-9457（高知市観光課）

●懐徳館・高知城天守閣
営 9:00～16:30（入場）よさこい祭期間中などは時間延長あり。
休 12月26日～1月1日
料 400円
☎ 088-824-5701（高知城管理事務所）

【山内氏16代の城】

高知市の市街地、北西にある標高42mの大高坂山。この丘に建つのが高知城だ。山上の一番高いところに本丸、その北側に二の丸、東の低いところに三の丸を配置し、一大城郭を形づくっている。

高知城の正門、追手門の入口付近には勇ましい騎馬姿の山内一豊《やまのうちかずとよ》の銅像が目を引く。一豊は、土佐藩の初代藩主として高知城を築き、以後この城は山内氏16代の居城となって明治維新を迎えた。

追手門の近くには高知城歴史博物館がある。高知城の資料や山内家に伝わる品々などが展示されている。そのほか、無料で利用できる展望ロビーもある。

【山内一豊の築城】

山内一豊が入城する以前の土佐は、長《ちょう》宗我部《そかべ》氏の領地で、拠点としたのは、桂浜の浦戸城であった。

関ケ原の合戦で長宗我部元親の子の盛親は石田三成方について敗れてしまう。替わって土佐を与えられたのは、山内一豊。関ケ原の合戦で徳川家康方につき、その功によって土佐一国が与えられた。

一豊は、慶長6年（1601）、高知城の築城工事を開始した。

城は北に鏡川、南に江ノ口川が流れる天然の要害の地に建てられ、当初は、これらの川に挟まれた状態から城の名称は河中山城とされていた。ところがこの2つの川がしばしば洪水を起こして城下に浸水したため、五台山竹林寺の住職の勧めに応じて高智山と改称。これがやがて「高知」の表記へと変わっていくことになったという。

【追手門】

高知城は、享保12年（1727）の大火でいくつかの建物を残し大半が焼失した。復興には20年余りがかかり、まず延享2年（1745）、二の丸が復興され、寛延2年（1749）に本丸が、その4年後に三の丸が再建されている。

正門である追手門は大火を逃れているが、現存するものは享和元年（1801）の改築で、国の重要文化財。門の両側には石垣があり、追手門を正面にして石垣が三方を囲む枡形になっている。渡櫓門だけで高麗門はないが、その代わりに柵が設けられていたとの説がある。

【追手門石垣の刻印】

枡形を形成する石垣には「エ」「ウ」などの文字が刻まれている。どんな目的で刻まれた文字なのかは不明。

また、石垣の上の土塀に見られる狭間は、下見板張りの塀のなかで枠板を組んで目立たせている。全国各地の城で狭間の類は隠す例が多いのにここでは対照的だ。

【石樋】

追手門から板垣退助像を右手に見て、急勾配の石段を上ると、杉ノ段と呼ばれる広場へ出る。かたわらには山内一豊の妻の銅像が見守るようにして立っている。

杉ノ段の石垣の上部に突き出ているのは石樋。城の排水が石垣にしみこまないように、石垣から離れた場所に水を流すべく設けられたものだ。このような石樋は、城内の15ヵ所にみられる。

【三の丸】

三の丸への登城門となっていたのが鉄門と呼ばれていた門。現在は石垣が残るのみだが、往時は2層の建物の門になっていて、1階に鉄板が張られていたという。城を守るための重要拠点でもあった。

三の丸へと進むと、桜の木々が植えられた広場に出る。江戸時代には大書院が建っていた。ここで新年などの儀式をおこなっていたといわれている。

【詰門】

三の丸と二の丸を結ぶ詰門は、国の重要文化財。2層の櫓になっていて、階上と階下とでそれぞれ役割が異なっている。階下は、東西に通じる門。階上は、家臣の詰める詰め所で侍の間、家老の間などがあり二の丸と本丸を結ぶ廊下橋となっていた。階上の廊下橋を進むと本丸となる。

東側から詰門を見ると、渡櫓門のよう

追手門（重要文化財）と天守

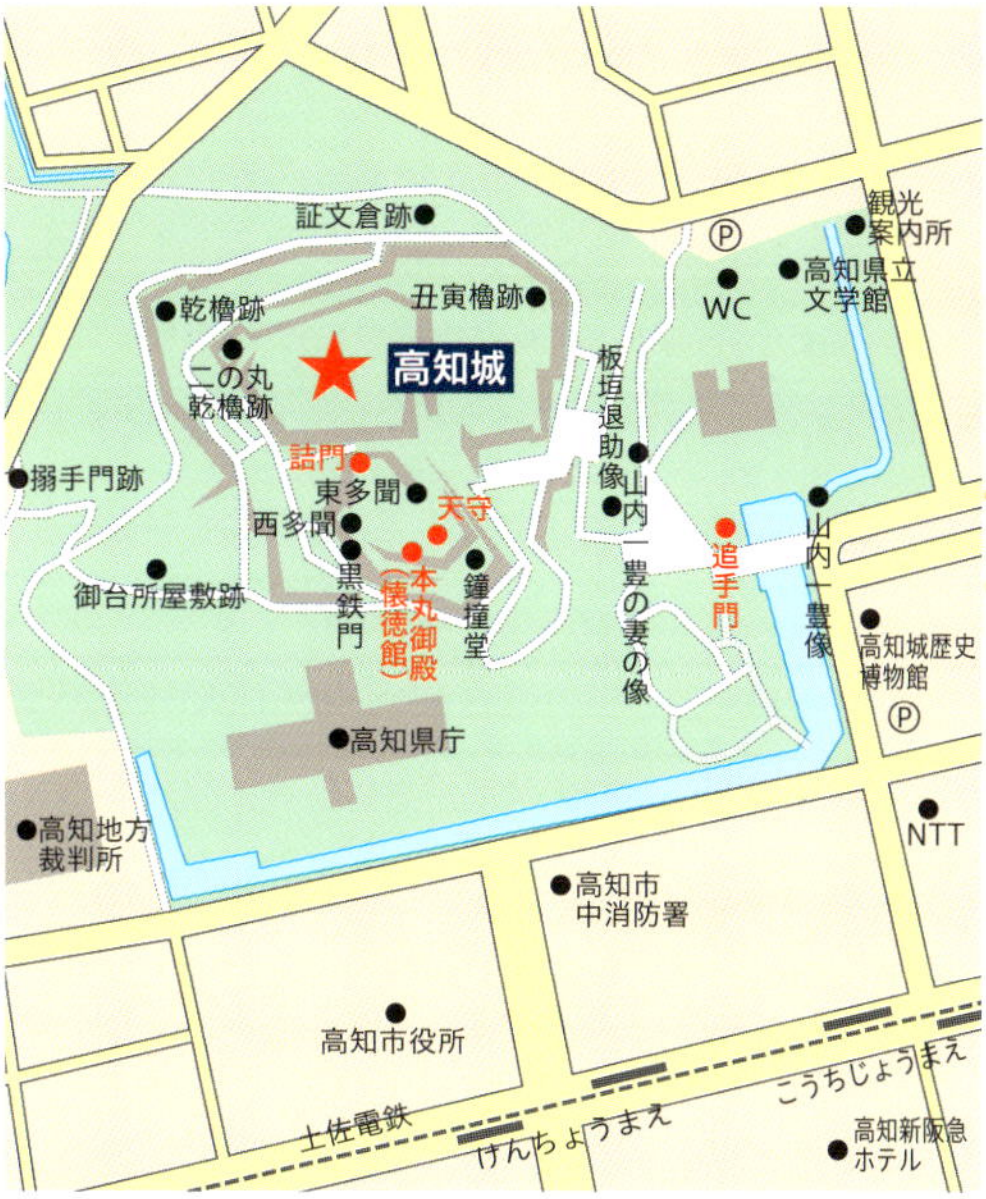

杉ノ段の石垣にある排水用の石樋

東多聞と詰門。詰門の2階は廊下橋になっている

に見えて、2階が廊下側橋であることがわからない造りになっている。

【本丸の櫓】

本丸正門である廊下門（国の重要文化財）をくぐり、本丸へ。本丸には西多聞櫓、東多聞櫓、黒鉄門など、江戸時代の建築物が残り、いずれも国の重要文化財となっている。

【本丸御殿（懐徳館）】

書院造りの堂々とした建物は本丸御殿（国の重要文化財）。享保の大火で焼失後、寛延2年（1749）に再建された。正殿、納戸蔵、玄関などからなる。正殿では藩主座所の上段の間や、武者隠しもある。全国の城郭で本丸御殿が現存するのはここ高知城と川越城（埼玉県）のみだ。

【天守】

高知城は全国で12しかない江戸時代の天守が残る城。見た目は4層だが、内部は3層6階になっている。本丸御殿と同じく、享保の大火で焼失後、寛延2年（1749）に再建された。その外観は入母屋の上に望楼を載せた初期の望楼形天守であり、江戸時代中期の再建の折に、古式にのっとって再建されたことを物語っている。

本丸御殿と天守

天守の石落には忍び返しの鉄串が

天守内部

本丸御殿上段の間

天守から本丸を見下ろす。東多聞、西多門、詰門が並ぶ

本丸御殿の土塀。石落や狭間がある

見応え十分の三ノ段の土塁・石積

高知県（土佐国）

岡豊城《おこうじょう》

【高知県南国市／続日本100名城】

歴代城主

中世城郭、長宗我部氏居城

DATA

交 JR土讃線高知駅からバス30分学校分岐（歴史民俗資料館入口）下車、徒歩15分

P あり（無料）

☎ 088-862-2211（高知県立歴史民俗資料館）※見学自由

【長宗我部《ちょうそかべ》氏歴代の居城】

四国を代表する戦国武将、長宗我部氏歴代の居城。築城年代は定かではないが、山城としたのは、長宗我部国親《くにちか》のころと考えられている。

戦国時代の土佐では、長宗我部氏、本山氏、一条氏などが台頭。土佐のほぼ中央を本拠地としていた長宗我部氏は、周囲から狙われやすい状況にあった。永正5年（1508）、長宗我部氏19代元秀《もとひで》の時、本山氏、山田氏らによって攻められ、岡豊城は落城し、元秀は自刃。嫡子国親《くにちか》は幡多《はた》中村の一条房家《ふさいえ》を頼って落ち延びたという。

永正15年（1518）、一条房家の助力で本領を回復した国親は、徐々に勢力を拡大して、永禄3年（1560）、朝倉城の仇敵本山茂辰を攻め、長浜・戸の本の合戦で勝利。この時に初陣を飾ったのが当時22歳の嫡男長宗我部元親《もとちか》だった。元親は、その後、四国をほぼ手中に収めるも、豊臣秀吉の四国征伐で、土佐一国のみを安堵され、居城を大高坂城（現・高知城）へ移した。

【中世山城】

岡豊城は、岡豊山の山頂に築かれた本城と、伝厩跡曲輪と伝家老屋曲輪と呼ばれている二つの副郭からなっている。

本城は、最高所に詰、東に二ノ段、西に三ノ段・四ノ段が配置された縄張。詰には、建物の礎石と南面に土塁が残る。復元された遺構で見応えのあるのが、三ノ段の土塁や石積、そして四ノ段の虎口。虎口は出枡形のような形状になっていて、石積みもある。四ノ段から腰曲輪に出たところの切岸には、今は埋まって浅くなっているが、横堀があったようだ。

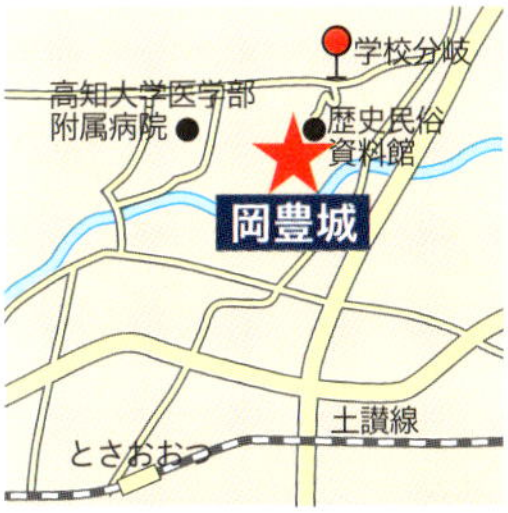

資料館入口にある長宗我部元親飛翔之像

二の段の近くに堀切と井戸跡がある

高松城《たかまつじょう》

【香川県高松市／日本100名城】

月見櫓

歴代城主

◆慶長5年（1600）～
生駒氏17万5000石

◆寛永19年（1642）～
松平氏12万石

DATA

●玉藻公園
交 JR予讃線高松駅から徒歩2分
P あり（東入口脇、無料）
営 西入口開門は日の出～日没、東入口開門は4月～9月は7:00～18:00、10月～3月は8:30～17:00
休 12月29日～31日
料 200円
☎ 087-851-1521（玉藻公園管理事務所）

【柿本人麻呂の歌が城名に】

高松城は、中津城（大分県）、今治城（愛媛県）とともに日本三大水城に数えられている。

現在、城跡は玉藻《たまも》公園となっている。この公園名は高松城の別名・玉藻城にちなむ。玉藻の名は、万葉の歌人柿本人麻呂の歌「玉藻よし　讃岐の国は　国柄か見れども飽かぬ」に由来する。

【生駒氏が築いた城】

高松城を築いたのは、豊臣秀吉の重臣生駒親正《ちかまさ》。天正15年（1587）、秀吉から讃岐を与えられた親正は、翌16年から3年の歳月をかけて完成させた。親正は関ケ原の合戦では、石田三成の西軍に属したが、息子の一正《かずまさ》は徳川家康率いる東軍で戦った。このため、生駒一正は讃岐を安堵され、慶長7年（1602）、父親正が築いた高松城に入城することになった。その生駒氏は、寛永17年（1640）、4代高俊のときにお家騒動が起き、出羽矢島1万石に転封となった。

【高松藩松平氏】

生駒氏が去った後、寛永19年（1642）に入城したのは常陸国下館藩主だった松平頼重《よりしげ》である。頼重は水戸徳川家の祖・徳川頼房《よりふさ》の子で、水戸黄門・徳川光圀の兄にあたる。

頼重は城の改修に着手し、3層4階だった天守を3層5階に建て替え、北の丸の新設なども行なった。このほか、頼重は雨量が少ない讃岐の地に約400か所の溜池を作るなど、領国と城下の整備につとめた。以後、高松城は明治2年

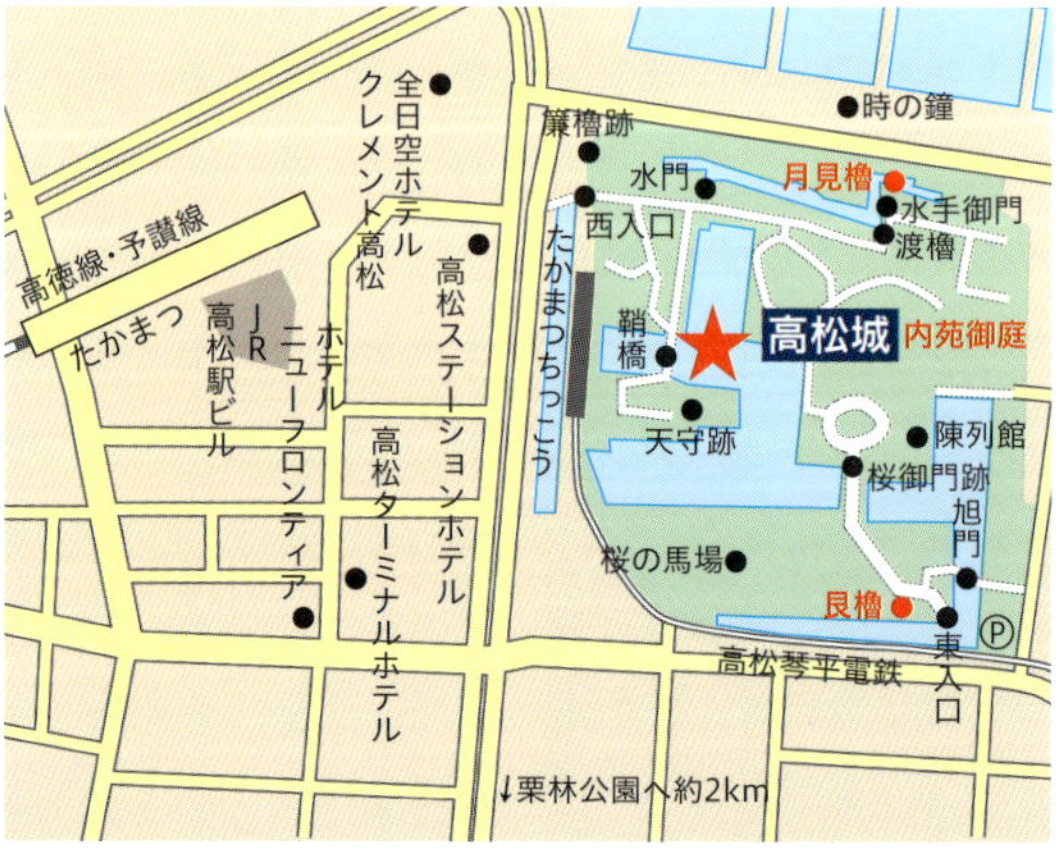

水手御門と月見櫓

三の丸にある披雲閣は、明治時代に建てられた松平家別邸で、重要文化財

（1869）の版籍奉還まで、頼重を初代とする高松藩松平氏が11代228年の居城となった。

【天守復元はいまだ未達成】

高松城は明治4年（1871）の廃藩置県ののちも政府の所管として建物は存続したが、明治17年（1884）に老朽化のため天守が取り壊しとなった。その復元が平成22年（2010）着工をめざしていたが、いまだ着工に至っていない。

【月《つき》見《み》櫓《やぐら》と艮《うしとら》櫓《やぐら》】

3層3階の艮櫓

北の丸に残る月見櫓は3層3階の隅櫓で、かつては海に面して建ち、出入りする船を監視するという重大な役割をもっていた。延宝4年（1676）頃の完成とされる。

3層3階の艮櫓は延宝5年（1677）頃に築かれた。その名の通り、北東の方角、東の丸の隅にあったが、昭和40年（1965）に旧太鼓櫓跡に移築復元された。ともに国の重要文化財。

【海に向けて開く城門】

月見櫓と連なっているのが続櫓《つづきやぐら》、水《みず》手《て》御門、そして渡櫓で、いずれも国の重要文化財だ。水手御門は薬医門様式の門で、直接海に向けて開く海城特有の城門。高松城でしか見られない貴重な遺構である。藩主はここから船に乗った。

【内苑御庭】

内堀に沿うようにして三の丸に広がる庭園は内苑御庭。江戸時代の庭をもとに、大正時代に造られた枯山水の庭園だ。江戸時代の石組みも残っている。

天守台

苑御庭（披雲閣庭園）

丸亀城《まるがめじょう》

【香川県丸亀市／日本100名城】

高石垣と天守

歴代城主

◆寛永18年（1641）～
山崎氏5万石

◆万治元年（1658）～
京極氏6万石

DATA

●丸亀城
交 ＪＲ予讃線丸亀駅から徒歩15分
P あり（無料）
営 城内見学自由　天守は9:00～16:30（入館～16:00）、大手一の門は10:00～16:00
休 天守は無休、大手一の門は雨天時休
料 天守は200円
☎ 0877-22-0331（丸亀市観光協会）

●丸亀市立資料館
営 9:30～16:30
休 月曜・祝日・年末年始、ほかに臨時休館あり
料 常設展は無料
☎ 0877-22-5366

【京極氏の居城として明治維新に至る】

丸亀城は京極氏以前の慶長年間（1596～1615）に高松藩主の生駒氏が高松城の出城として築城したのが始まり。元和元年（1615）の一国一城令によって廃城となったが、寛永18年（1641）に讃岐国は東西に分割されたため、山崎家治が西讃岐の領主となり、荒れていた城を修復した。

山崎家は3代続いたが、跡継ぎがなく断絶した後、万治元年（1658）、京《きょう》極高和《ごくたかかず》が播州龍野から入城した。以降、明治維新まで7代にわたって京極氏の居城となった。2代京極高豊は、南にあった大手門を北側へ移し、瀬戸内海を正面口にした。

【大手門と御殿表門】

高麗門形式の大手二の門は寛文10年（1670）ころの建造。二の門をくぐると、入母屋造りの大手一の門。二の門と一の門とで枡形を形作っている。ともに国の重要文化財。江戸時代には一の門に太鼓が置かれ城下に時刻を報せたことから太鼓門と呼ばれていた。

城内へ入って西側へ進むと芝生の広場があるが、ここには藩主の京極家の居館があった。薬医門形式の藩主玄関先御門と番所と長屋が残っている。

【二の丸高石垣（扇の勾配）】

大手門から本丸跡へと向かう道（見返り坂）は、やや傾斜が急な坂道である。この坂道から、高さ21ｍの石垣が目に入る。ここは「扇の勾配」と呼ばれ、丸亀城の見どころのひとつ。

これらの石垣は、山崎氏の時代に造られたものと推定されている。

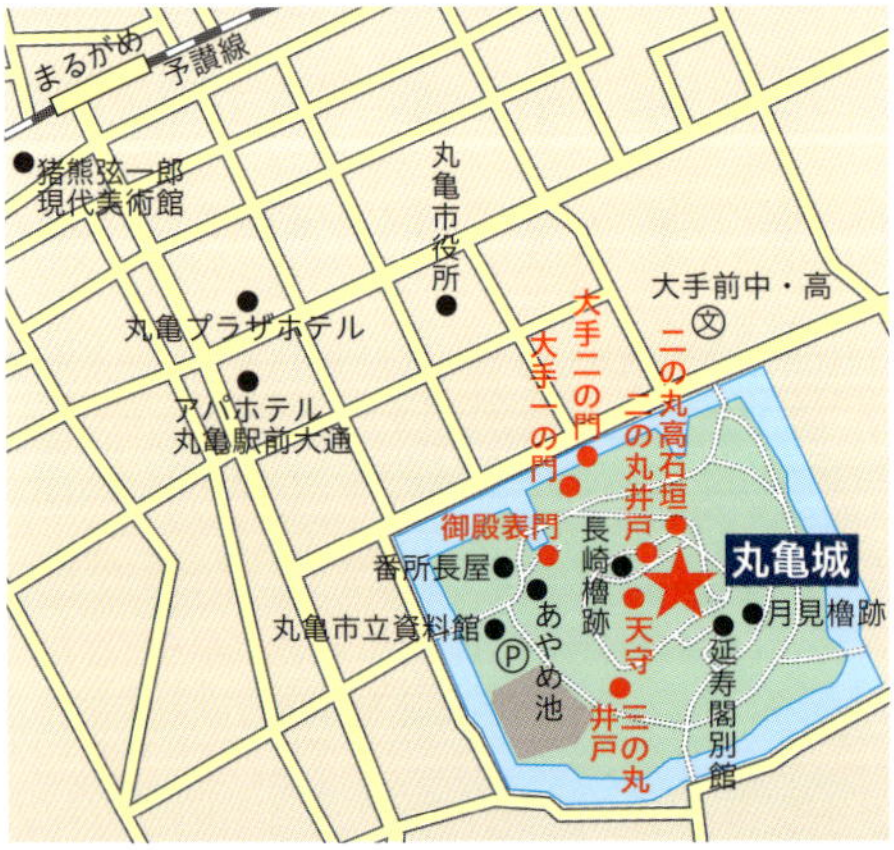

天守は西面のみ下見板張りがない

玄関先御門（御殿表門）

三の丸から二の丸へ向かう道中の石垣

【三の丸の櫓跡】

城の東部にあたる三の丸には月見櫓など二つの櫓があった。現在は石垣だけが残っているが、櫓跡からは讃岐富士の別名を持つ標高422mの飯野山とその山裾を流れる土器川、さらに瀬戸大橋も遠望できる。土器川は旧高松藩との藩境にあたるため、三の丸の櫓はこの方面を見張る櫓でもあった。

大手門。高麗門と渡櫓門が現存。重要文化財

【二の丸井戸と三の丸井戸】

二の丸の見どころの一つが二の丸井戸。城内に築かれた井戸の中で、最も標高の高いところにある。深さは約65m。日本の城にある井戸のなかでも一番の深さという。現在も水をたたえている。

三の丸には三の丸井戸が残る。山崎氏の時代の絵図にも描かれている。城外への抜け穴伝説もある。現在は空井戸になっている。

【四国最古の天守】

天守は3層3階、高さ約15m。現存する江戸時代の木造天守としてはもっとも小さいものだが、唐破風や千鳥破風で飾られている。万治元年（1660）に完成した天守とされ四国最古。外観の北側・東側・南側は1層を下見板張りで覆っているのに、西側のみ漆喰を塗っただけの意匠になっている。

内部は公開されており、小屋組みなどを見られる。

二の丸の石垣。石工羽坂重三郎の伝説を伝える

天守は最上階が外へ張り出した形で、唐造りと呼ばれる

福岡県（豊前国）

小倉城《こくらじょう》

【福岡県北九州市】

歴代城主

◆慶長5年（1600）～
細川氏39万9000石

◆寛永9年（1632）～
小笠原氏15万石

DATA

●小倉城跡（勝山公園）
交 JR山陽新幹線小倉駅から徒歩15分
P あり（有料）
☎ 093-582-2466
※見学自由
●小倉城
営 9：00～18：00（11～3月は～17：00）
休 無休
料 入館料350円
☎ 093-561-1210
●小倉城庭園
営 9:00～18:00、（11～3月は～17:00）
休 無休
料 入園料300円
☎ 093-582-2747

【中世からの海と陸の要衝の城】

響灘に注ぐ紫川《むらさきがわ》の河口、西側の小高い丘に広がる勝山公園。ここが小倉城跡である。この地は関門海峡に臨む要衝とあって、古くから城砦が築かれていた。南北朝時代以後、大内氏、大友氏などによる攻防が繰り広げられ、天正15年（1587）には毛利勝信《かつのぶ》が城主として入城した。

【細川氏の大改修】

その毛利氏も関ケ原の戦いで敗れ、替わって細川忠興《ほそかわただおき》が城主になる。忠興は慶長7年（1602）から小倉城の大改修を行なった。紫川などを天然の濠にし、幾重にもめぐらした、堅い守りの城だった。その一方で海上貿易の拠点であることも意識し、濠には船着場も設けていた。

【再建された天守と続櫓】

小倉城の天守は天保8年（1837）の火災で焼失。天守が再建されたのは、昭和34年（1959）で、続櫓も再建されている。天守内部では城下町・小倉の歴史や文化、細川氏や小笠原氏らの小倉藩主などに関する資料を展示。迫力ある大型シアターをはじめ体験型の展示も。

【小倉城庭園】

幕末まで小倉城を守った小笠原氏の下屋敷跡に、平成10年（1998）に整備された庭園。池泉回遊式の庭園を中心に、往時の大名屋敷を再現した書院、茶の湯などが体験できる体験ゾーン、企画展や礼法に関する常設展示が見られる展示ゾーンなどが設けられている。

【城跡に残る石垣】

現在、勝山公園となっている城跡には、大手門跡、鉄門跡、槻門跡などに石垣が残る。北の丸には旧状をとどめる石垣と水堀が見られる。

槻門跡の石垣

本丸の石垣

福岡県（筑前国）

福岡城《ふくおかじょう》

【福岡県福岡市／日本100名城】

伝潮見櫓（左）と下之橋御門

歴代城主

◆慶長6年（1601）～
黒田氏52万3000石

DATA

●福岡城跡
交 福岡市営地下鉄空港線大濠公園駅から徒歩5分
P あり（有料）
☎ 092-711-4666（福岡市文化財活用課）※見学自由

●福岡城跡堀石垣
営 年末年始を除く土・日曜の10:00～17:00に公開
料 無料

【黒田氏の城】

福岡城は黒田長政《ながまさ》の城だ。長政は父の孝高《よしたか》（如水《じょすい》）とともに秀吉の天下統一に貢献。秀吉没後は徳川家康につき、関ケ原の合戦で善戦、家康から筑前国を与えられた。豊前中津16万石から、一気に52万3000石の有力大名になり、福崎《ふくざき》の地に築城を開始した。

7年の歳月をかけて城が完成すると、長政は祖父の出身地備前国（岡山県）福岡にちなみ、福崎の地名を福岡と改称。以来、那珂川《なかがわ》の西側は「福岡」、東は以前からの地名である「博多」と呼ばれた。

【石垣や櫓の遺構が残る】

現在、総面積約48万m^2の城郭には石垣や櫓などの遺構が残り、国の史跡。石垣は、江戸城・大坂城の石積みを手がけた名人野口佐助一成《さすけかずなり》によるものと伝わる。

福岡城は52万石を誇る城でありながら、天守は築かれなかった。外様大名ゆえに徳川家に遠慮をしたということらしい。ただし、天守台から柱を支えた礎石が発掘されており、一度築いた天守を元和の一国一城令で棄却した、という説もある。

福岡城には47の櫓があったという。現在は南丸に多聞櫓、三の丸に伝潮見櫓、本丸の祈念《きねん》櫓が残る。このうち、多聞櫓は嘉永7年（1854）の再建で、国の重要文化財に指定されている。

南丸多聞櫓

【黒田節ゆかりの武将】

潮見櫓の近くには、母里太兵衛《もりたへえ》邸長屋門がある。もとは天神2丁目にあったが、昭和40年（1965）に現在地へ移築復元。母里太兵衛は黒田二十四騎と呼ばれた勇将。戦国武将福島正則《ふくしままさのり》を訪ねたときに大杯の酒を豪快に飲みほしたエピソードが「黒田節」として歌い継がれている。

なお、城郭北側の堀は一部埋め立てられていたが、地下鉄工事により調査され、その一部が「福岡城跡堀石垣」として保存公開されている。

1350年前に築かれた日本最古の百間石垣

福岡県（筑前国）

大野城《おおのじょう》

【福岡県宇美町、太宰府市、大野城市（城域の大半は宇美町）／日本100名城】

歴代城主

古代城郭、大和朝廷が築城

DATA

交 西鉄太宰府線太宰府駅から徒歩1時間

P あり（無料）

☎ 092-933-2600(宇美町社会教育課)※見学自由

【7世紀の古代城郭】

7世紀半ば、朝鮮半島で動乱が起き、唐《とう》・新羅《しらぎ》連合軍が百済《くだら》を滅ぼした。日本は百済救援軍を派遣したが、白村江《はくすきのえ》の戦いで大敗。これにより朝鮮半島からの日本侵攻の可能性が高まったとして、大和朝廷の九州拠点である大宰府《だざいふ》防衛のため、天智天皇4年（665）に築城されたのが大野城。『日本書紀』に記された大和朝廷時代の城郭遺構が現存するのは奇跡的に希少で、歴史的価値は計り知れない。

【朝鮮式山城】

大野城は有事の際に、官民が籠城することを前提に山全体を包み込むようにしてつくられた山城。尾根を巡って土塁を築き、土塁が谷と接する部分は石塁や石垣を築く。城内には、役所的機能をもつ建物や食糧庫・武器庫などが建てられた。百済の山城と同様の形式であり、朝鮮式山城と呼ばれている。

大野城は標高約410mを最高峰とする四王寺山《しおうじやま》一帯に広がっており、土塁や石塁の総延長は8200m以上に及ぶ。あまりにも広大な城域で、見学には丸1日を要する。手軽なコースとしては、県民の森センター～主城原礎石群～百間《ひゃっけん》石垣～屯水《とんすい》門跡～御殿場礎石群～県民の森センターと巡って2時間程度だ。

【日本最古の石垣】

大野城の北側にある大きな谷部につくられた石塁が百間石垣。大野城の石塁の中では、最も大きく目立つものだ。長さ約200m、幅は最大で9mほど、高さは最高約6mもある堂々たるものだ。厳密にいえば石塁と石垣は違うが、日本に現存する石垣としては最も古い7世紀の遺構である。

増長天礎石群

太宰府口城門跡。虎口の土塁が残る

福岡県（筑前国）

水城《みずき》

【福岡県太宰府市・大野城市・春日市／続日本100名城】

水城東門跡付近の土塁

歴代城主

古代城郭、大和朝廷築城

DATA

交 鹿児島本線水城駅から徒歩5分

P あり（無料）

☎ 092-558-2206（大野城市ふるさと文化財課） 092-921-2121（太宰府市文化財課） ※見学自由。

【古代に築かれた土塁だけの「城」】

奈良時代の歴史書『日本書紀』にもその名が記されている水城。天智《てんじ》天皇3年（664）に築かれたとされている。

城というと、本丸（主郭）を中心に堀や土塁、石垣、曲輪などを組み合わせた施設を連想するかもしれないが、水城は直線状の堀と土塁だけ。この特徴的な城が築かれた理由には、当時の時代背景がある。

ここ北部九州は日本で最も中国や朝鮮に近く、古くから交流が盛んだった地で、古代の国際交流の要所として設けられた役所が大宰府《だざいふ》だった。しかし朝鮮半島内で内乱が続き、日本と友好関係にあった百済《くだら》の救援のため、天智天皇2年（665）、大和朝廷は多数の軍勢を朝鮮半島に派遣（白村江《はくすきのえ》の戦い）した。この戦いで唐・新羅《しらぎ》の連合軍に大敗した大和朝廷は、朝鮮半島からの攻撃に備え、大宰府の防衛ラインとして水城を築いたのだった。

大規模な土塁が続く

【日本最大規模の土塁】

今日目にする水城跡の土塁は高さ10m以上、幅80m、全長1200mと大規模で、太宰府市・大野城市の堺に残る。造営当時、博多湾側にあった堀は幅60m、深さ4mで水を貯えていたという。土塁には2カ所に開口部があり、そこに門があったことが発掘により確認されている。また、土塁の内部には、御笠《みかさ》川から堀に水を流すための木樋が通っていた。

水城の一帯は、東西に山が迫って平地が最も狭くなっているという地形。この東西の山を結ぶように土塁が造られている。現在は鉄道や高速道路などにより分断されているが、その壮大な規模には圧倒される。東門跡付近には、水城の資料を展示する水城館（入館無料）がある。

こうした水城の跡は春日市にも残り、太宰府市、大野城市の水城跡と合わせて国の特別史跡に指定されている。

大分県（豊後国）

臼杵城《うすきじょう》

【大分県臼杵市／続日本100名城】

古橋口から見る臼杵城。左の大門櫓は再建だが、右の畳櫓は江戸時代の建築

歴代城主

◆永禄5年（1562）～
大友氏

◆慶長5年（1600）～
稲葉氏5万石

DATA

交 JR日豊本線臼杵駅から徒歩10分
P あり（無料）
☎0972-63-1111（臼杵市おもてなし観光課）※見学自由。

【大友宗麟《そうりん》の築いた城】

臼杵城は、臼杵湾に浮かぶ丹生島《にう》に築かれた平山城（海城）である。キリシタン大名として知られる大友宗麟が永禄5年（1562）に築城したとされてきたが、最近の研究では、築城時期は弘治年間（1555～1558）以前との説が有力という。

大友氏は、大友義統《よしむね》が文禄の役で失態、秀吉の怒りを買って改易。その後豊後は秀吉の直轄地となり、関ケ原の合戦後は稲葉貞通《いなばさだみち》が5万石で入城、以後、明治維新まで稲葉氏15代が城主をつとめた。

【島に造られた堅固な海城】

丹生島は四方が断崖絶壁で、本土とは2本の橋で結ばれているだけ。3層4階の天守と31基の櫓が設けられ、島全体が要害化された城郭だった。

現在は、埋め立てにより四周が陸続きになっていて人家が建ち並び、かつての海城の面影は失われている。

【城跡に残る遺構】

本丸と二の丸間には空堀が良好な状態で現存。櫓は大手口近くの畳櫓《たたみやぐら》、搦手口の卯寅口門脇櫓《うとらぐちもんわきやぐら》の2つが現存。ほか、大門櫓が復元されている。時鐘櫓跡付近の石垣は大きく弧を描いており、沖縄の城を除けばこれほどの曲線を描く石垣は珍しい。また、岩盤を切り拓いて造った登城道は切通しになっており、これも珍しい。本丸、二の丸（西の丸）、が臼杵城跡として県の史跡に指定されている。

【往時の面影を残す臼杵の城下町】

臼杵の城下町は、切り立った崖上にある臼杵城本丸、山の斜面に広がる武家屋敷町、その内側に町屋と寺町という独特の構造になっている。旧武家屋敷町の面影を残すのは二王座地区である。

城下町の二王座

現存櫓の卯寅口門脇櫓。初重が高く、入口は石段を上った初重の天井近くにという特徴的な構造

大分県（豊後国）

佐伯城《さいきじょう》

【大分県佐伯市／続日本100名城】

三の丸櫓門。現在見られるものは天保3年（1832）の改築

歴代城主

◆慶長7年（1602）～
毛利氏2万石

DATA

交 JR日豊本線佐伯駅からバス7分大手前下車。
P あり（無料）
☎ 0972-23-3400（佐伯市観光案内所）※見学自由。

【関ケ原の合戦後に築かれた山城】

毛利高政《たかまさ》によって慶長11年（1606）に海抜144mの山上に築かれた山城。高政の旧姓は森氏。森高政は豊臣秀吉の武将である。天正10年（1582）、本能寺の変の後、備中高松城攻めの最中だった秀吉は毛利軍と和睦し、明智勢との合戦に臨むため、上方を目指した。この時、秀吉は和睦の証の人質として、当時23歳の若者であった森高政と兄の重政を毛利家に送った。高政は毛利輝元に気に入られ、毛利姓を名乗ることになったといわれる。

その後、豊臣政権下で功績をあげた毛利高政は、豊後日田2万石の大名となった。関ケ原の合戦では当初西軍に属したが、東軍に寝返った。これにより日田から佐伯へ国替えになったが、旧領と同じ2万石は安堵された。

【山上に残る石垣】

城山の最高所に本丸を置き、その周囲を腰曲輪がめぐる縄張り。本丸の南西尾根には二の丸と西出丸、北東尾根には北出丸が細長く延び、山麓に三の丸があった。その構成は中世城郭的だが、まぎれもなく近世城郭である。

現在、三の丸跡に櫓門が現存するほか、山頂部に総石垣造の郭跡が残されている。山頂部の郭は全体的に規模が小さく、本丸へ通じる埋門は人一人が通るのがやっと、という狭いものになっている。天守台も高さ1mほどと低い壇だ。この小さな城郭は2万石という石高も一因であろうが、そもそもこの城山が、あまり大きな規模ではなかったということであろう。

三の丸から山頂部へは標高差130mくらいで、片道20分～30分ほどかかる。

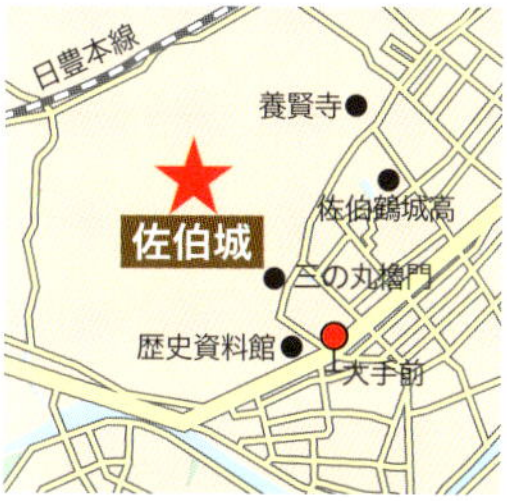

本丸の天守台。あまり高くない壇である

二の丸から本丸を見る

昭和期に建てられた天守と二重櫓

大分県（豊前国）

中津城《なかつじょう》

【大分県中津市／続日本100名城】

歴代城主

◆慶長7年（1602）～
細川氏39万9000石
◆寛永9年（1632）～
小笠原氏8万石
◆享保2年（1717）～
奥平氏10万石

DATA

●中津城
（奥平家歴史資料館）
営9：00～17：00
休無休
料入城料400円
（中津市民は350円）
交JR日豊本線中津駅から徒歩20分
Pあり（無料）
☎0979-22-3651

【黒田の城から細川の城へ】

中津城は、北側に周防灘《すおうなだ》の海が迫り、堀の水位が潮の干満によって上下する海の城。高松城、今治城とともに日本三大水城のひとつとなっている。名人といわれた黒田孝高《よしたか》（如水《じょすい》）の築城。豊臣秀吉の軍奉行でもあった如水は、天正15年（1587）、秀吉の九州平定で手柄をたて、豊前（大分）6郡を与えられ、翌天正16年に中津城の築城を開始した。

黒田如水とその子の長政《ながまさ》は関ケ原の合戦後、筑前福岡城へ。中津へは細川忠興《ただおき》が入城、城の大改修に着手した。方形だった縄張《なわばり》を、扇の形に拡張し、以降、中津城は扇城《せんじょう》という優雅な別名をもつようになった。忠興は同時に小倉城を築城し、自身は完成した小倉城へ居を移した。

【一国一城令の例外】

元和元年（1615）、幕府の一国一城令で細川氏の城は小倉城を残し破却されることになったが、忠興が老中土井利勝《どいとしかつ》らへ働きかけたことで中津城の存続がかなったという。忠興は隠居して三斉《さんさい》と号し、子の忠利に家督を譲り、中津城で隠居生活をおくった。

寛永9年（1632）、細川氏が肥後（熊本）へ転封になり、中津城には播州（兵庫）龍野《たつの》から譜代の小笠原長次《ながつぐ》が入城。小笠原氏5代の後は丹後（京都）宮津から奥平昌成《おくだいらまさなり》が中津城へ。以後、中津城は奥平氏9代の城として明治維新を迎えた。

【昭和期に建てられた天守閣】

現在、城跡は中津公園として整備され、本丸跡には昭和39年（1964）に新設された天守がある。江戸時代には天守がなかった中津城だが、天守は城跡の風景に風格と華やかさを添えている。天守内部には江戸時代の刀剣、古絵図、古文書などが展示されている。本丸北側の石垣は、黒田氏の時代のものと細川氏の時代のものとが残り、興味深い。

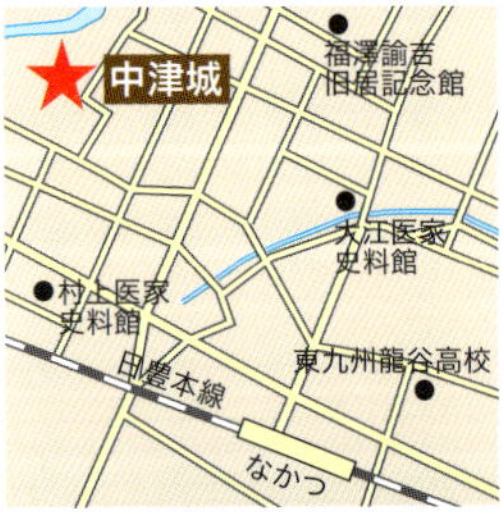

本丸南側の内堀と、本丸下段の横矢掛の石垣

現存する櫓のひとつ、人質櫓。文久元年（1861）建築

大分県（豊後国）

府内城《ふないじょう》

【大分県大分市／日本100名城】

歴代城主

◆慶長6年（1601）〜
竹中氏　3万5000石
◆寛永11年（1634）〜
日根野氏　2万石
◆万治元年（1658）〜
松平（大給）氏　2万石

DATA

●府内城（大分城址公園）
交 JR日豊本線大分駅から徒歩10分
P あり（無料）
☎ 097-534-6111（大分市役所）※見学自由。

【築城の歴史】

大分市中心部に位置する府内城。現在は、内堀に囲まれた本丸、東之丸、西之丸部分が大分城址公園となっている。

城の始まりは、慶長2年（1597）。大友氏が豊後を去ったあと、この地を治めていた早川氏に続いて府内に入封した福原直高《なおたか》が、大分川河口で築城に着手。本丸、二之丸などが完成したが、直高は除封となる。慶長6年（1601）からは、竹中重利が築城工事を続け、4層の天守と諸櫓・門の建立、山里丸の造営、武家屋敷の整備など、城郭を完成させ、城下町の整備にも取り組んだ。

【江戸時代の櫓が現存】

江戸時代中期までの府内城には天守と23の櫓、5つの門、3ヵ所の廊下橋が設けられていたが、寛保3年（1743）、火災で天守などを焼失。以後天守は再建されなかった。明治維新や第2次世界大戦の空襲で多くの櫓が失われたが、江戸時代の建築物として2つの櫓が現存する。文久元年（1861）再建の人質《ひとじち》櫓と、安政6年（1859）再建の宗門《しゅうもん》櫓だ。このほか、築城当時の石垣とされる「慶長の石垣」（見学できるように整備されている）、本丸には天守台と二重櫓の櫓台も残る。

城跡には大手門にあたる多聞《たもん》櫓門、大手門外枡形の一部を構成する着到《ちゃくとう》櫓、西之丸西南角二階櫓などが復元・再建され、近世城郭らしさを今に伝えている。見どころのひとつに平成8年（1996）に復元された廊下橋がある。西之丸と山里丸を結んでいた渡り廊下で、古絵図に描かれていた大手門の廊下橋の意匠をもとに、外観を再現したものだ。

廊下橋。平成8年再建

多聞櫓門。昭和41年（1966）の再建

岡城《おかじょう》

【大分県竹田市／日本100名城】

二の丸北側の石垣

歴代城主

◆慶長5年（1600）〜
中川氏7万石

DATA

●岡城跡
営9:00〜17:00
休12月31日〜1月3日休
料入場料300円
交豊肥本線豊後竹田駅から徒歩30分
Pあり（無料）
☎0974-63-1541

【名曲「荒城の月」の原風景】

「春高楼の花の宴……」で始まる『荒城の月』。作曲家、瀧廉太郎が明治34年（1901）に発表した名曲である。廉太郎は大分県竹田市で少年時代をすごし、ここ岡城跡でしばしば遊んだという。そのころの岡城は、明治4年（1871）の廃城により建物が取り壊された跡も生々しく、荒れ果てていたことは想像に難くない。

二の丸跡には瀧廉太郎の銅像がたつ。ここは、江戸時代、城主の中川氏が月見を楽しんだという月見櫓があったところでもある。

【山上に残るみごとな高石垣】

岡城は、稲葉川と白滝川に挟まれた標高325mの天神山山頂に築かれた山城である。2つの川が深い谷となり、四方が断崖絶壁という難攻不落の城だ。

山上に残る高石垣群がその険しさを物語っており、春の桜、秋の紅葉など四季折々で荒城の風景を織り成している。それにしても、山上にこれだけの規模の石垣が続くのは実に壮観である。

【中世から存在した城】

岡城は文治元年（1185）、豊後の豪族緒方惟栄《おがたこれよし》が、源頼朝に追われた義経を迎えるために築城したのが始まりと伝えられている。義経はここを訪れたことはなかったようだが、その後、南北朝時代に、豊後守護の大友氏の庶流にあたる志賀氏がここを本拠とし、城の大改築を行なった。

【難攻不落の城】

天正14年（1586）、薩摩の島津義弘が3万5000人もの大軍を率いて豊後に攻め入り、岡城にも襲いかかった。それに対し、ときの城主志賀親次はわずか1000名の兵で城を守り、善戦。その後も再三にわたる島津軍の攻撃を退けた。

志賀氏は当時九州征

瀧廉太郎の像

大手門跡

大手門へは珍しいかまぼこ型石塁が続く

伐をもくろむ豊臣秀吉からも高い評価を得たが、文禄2年（1593）、朝鮮出陣（文禄の役）の際に大友氏が敵前逃亡して秀吉の怒りを買い、志賀氏も大友氏に連なる一族ということで改易の憂き目にあった。

【中川氏の時代に城が整備された】

文禄3年（1594）、播磨（兵庫県）三木城から中川秀成が7万石で入城すると、秀成は7年の歳月を費やして城の大修築を行なった。西の天神山を切り開いて、本丸、二の丸、三の丸などを設けたのだ。寛文4年（1664）、中川氏3代久清の治世になって西の丸を増築。現在の岡城跡に見られる縄張は、このときに完成したものだ。総面積約23haにも及び、7万石の大名には過ぎた規模の城といわれたという。

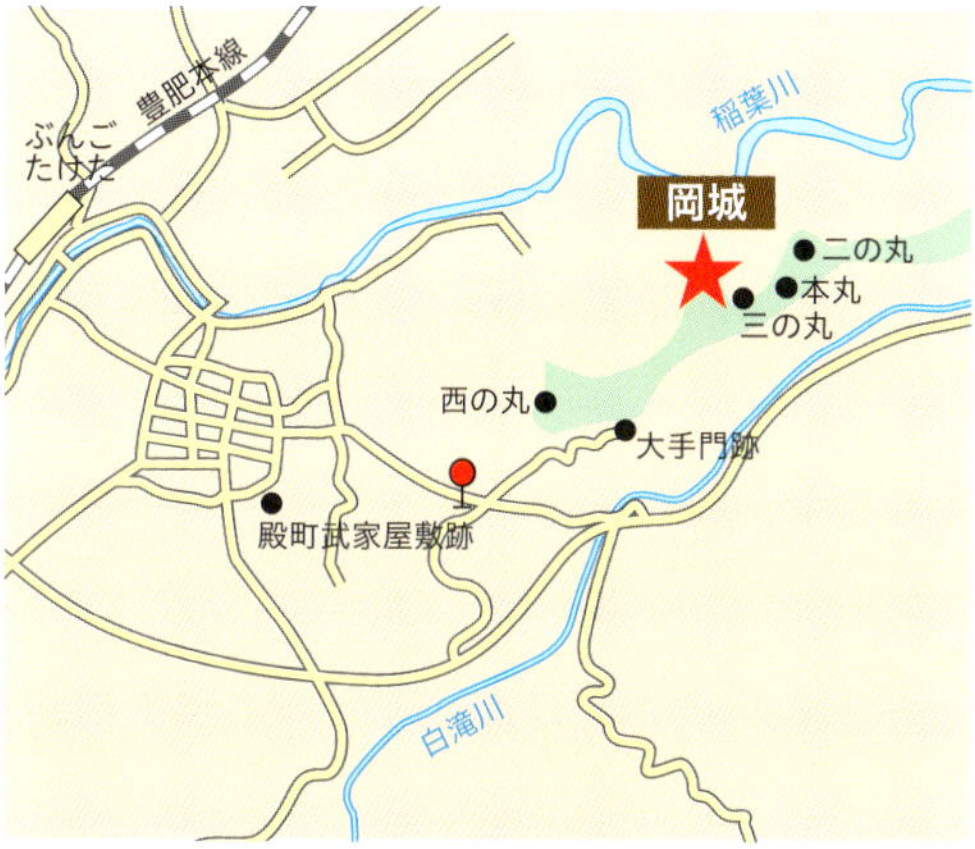

【中世の山城と近世城郭が同居】

岡城は中世の難攻不落の山城を生かしたまま、近世城郭としての整備が行なわれた。したがって、山城の性格が強い殿舎と、平山城の本丸、二の丸、三の丸、そして平城的な性格の西の丸が同居する縄張となっている。近世城郭としては特異的だ。

太鼓櫓門跡

西の丸近くの石垣

鯱の門と続櫓は、国の重要文化財となっている

佐賀城《さがじょう》

【佐賀県佐賀市／日本100名城】

歴代城主

◆慶長12年（1607）～
鍋島氏35万7000石

DATA

●佐賀城公園
交 JR長崎本線佐賀駅から徒歩25分
P あり（無料）
☎ 0952-22-5047
（佐賀城公園管理事務所）
※見学自由

●佐賀城本丸歴史館
営 9:30～18:00
休 12月29日～12月31日、他臨時休館あり
料 基本無料だが、満足度に応じて募金するシステム
☎ 0952-41-7550

【鍋島騒動《なべしまそうどう》】

佐賀藩主の鍋島家といえば化け猫話の鍋島騒動で知られる。肥前はもともと龍造寺《りゅうぞうじ》氏の領地だった。が、龍造寺19代目の隆信《たかのぶ》が島津・有馬《ありま》氏との戦いに敗れて戦死。戦国大名にとって戦死は滅亡を意味する。が、龍造寺家では、重臣の鍋島直茂《なおしげ》が代行となって家臣団をまとめ、実権を握った。そして慶長12年（1607）、龍造寺高房《たかふさ》が江戸で変死、次いでその父龍造寺政家《まさいえ》が病没し、鍋島家は名実ともに佐賀の領主となるのである。こうした状況が「お家乗っ取り」などといわれることになった。

【鍋島氏の築城】

鍋島直茂・勝茂《かつしげ》親子は、龍造寺氏の居城・村中城の拡張・大修築工事に取り組み、慶長16年（1611）に近世城郭を完成させた。ここから佐賀城の歴史が始まる。佐賀藩初代城主として鍋島勝茂が入城。以後、鍋島氏11代の居城として明治維新を迎えた。

現在、城跡一帯は県立佐賀城公園として整備されている。天守閣は享保11年（1726）の火災で焼失してしまったが、高さ約10mにも及ぶ天守台の石垣が残る。

【鯱《しゃち》の門と続櫓《つづきやぐら》】

江戸時代の建物で現存するのは、本丸の鯱の門と続櫓（国の重要文化財）。天保6年（1835）の大火の後、建てられた。鯱の門は白壁で、棟の両端には名前の由来となった青銅製の鯱が置かれている。門扉には無数の弾痕が残されているが、これは明治7年（1874）の佐賀の乱の痕跡。佐賀藩士だった江藤新平が新政府に対して起こした反乱で、このときに佐賀城の建物の一部が破壊された。

【復元された本丸御殿】

平成16年（2004）に本丸御殿が復元された。館内は佐賀城本丸歴史館で、佐賀城関連の資料が展示されている。

復元された本丸御殿。御殿が復元されるケースは全国でも少ない

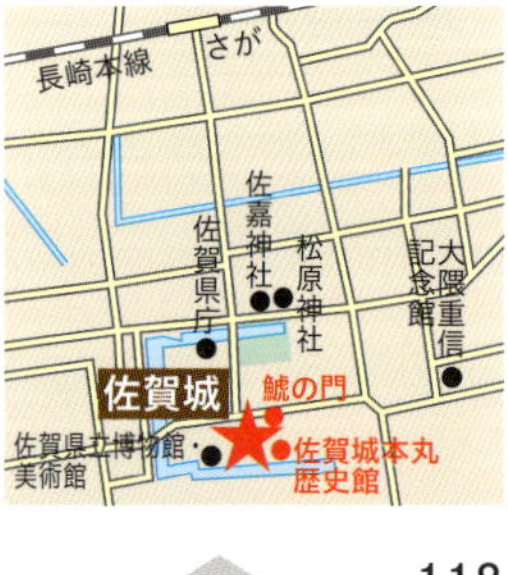

上山里丸へ上る石段と周辺の石垣

佐賀県（肥前国）

名護屋城《なごやじょう》

【佐賀県唐津市／日本100名城】

歴代城主

◆中世城郭、豊臣秀吉御座所

DATA

●特別史跡名護屋城跡
営 9：00～17：00
休 無休
料 歴史遺産維持協力金として100円
交 JR唐津線唐津駅から徒歩5分の唐津大手口バスセンターからバス40分名護屋城博物館入口下車
P あり（無料）
☎ 0955-53-7155（肥前名護屋城歴史ツーリズム協会）

●佐賀県立名護屋城博物館
営 9:00～17:00
休 月曜（祝日の場合は翌日）休、12月29日～31日
料 常設展示無料、企画展は有料
☎ 0955-82-4905

【天下人秀吉の跡】

文禄の役と慶長の役。豊臣秀吉による朝鮮出兵の戦いである。この2度の朝鮮出陣の前線基地として築かれたのが名護屋城だ。城地は東松浦半島の突端、玄界《げんかい》灘《なだ》に臨む地。城跡は発掘調査が進行中で、建物こそ残っていないが、石垣が良好な状態で残る。特に廃城の際に破却された石垣が破却された状態のまま見られるのは貴重だ。国の特別史跡に指定されている。

【大坂城に次ぐ壮大な規模の城】

築城は天正19年（1591）。加藤清《きよ》正《まさ》、寺沢広高《ひろたか》を普請《ふしん》奉行に任命、九州の諸大名を動員して5ヶ月ほどで完成させた。総面積は約17万㎡。当時の大坂城に次ぐ規模の広大な城郭だった。本丸には金箔の5層7重の天守がそびえ、二の丸、三の丸、山里丸などの曲輪が設けられた。

【巨大都市となった城下町】

名護屋城からは文禄の役で約16万人が、慶長の役で約14万人の大軍が朝鮮半島へ送り込まれた。人が集まれば町も発達する。名護屋城下は人口十数万人を数える、京・大坂に次ぐ規模の町となった。しかし慶長3年（1598）、秀吉が亡くなると名護屋城は廃城となり、町も衰退した。

【陣屋跡】

名護屋城の周囲には、参集した諸大名の陣所が築かれた。その数は、現在確認されているだけでも約140ヵ所にも及び、徳川家康、加藤清正、福島正則《まさのり》、上杉景勝《かげかつ》らの大名の陣跡が残る。

陣所は大名の軍事拠点だったが、滞在が長期間だったため生活の場でもあったことが発掘調査で明らかになっている。堀秀治《ひではる》の陣跡から能舞台や茶室、庭園などの跡が発見されている。

【佐賀県立名護屋城博物館】

城跡の南に名護屋城博物館がある。名護屋城や、日本列島と朝鮮半島との交流の歴史に関する資料を展示している。

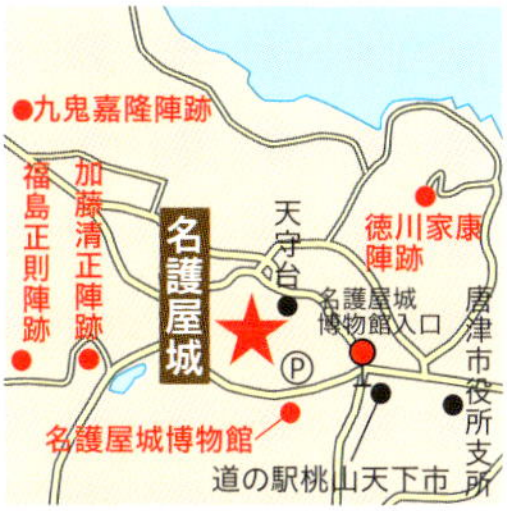

城跡には石垣が豊富に残る。写真は大手道と大手口の石垣

唐津城《からつじょう》

【佐賀県唐津市／続日本100名城】

天守は昭和になって建てられた

歴代城主

◆慶長7年（1602）～
寺沢氏12万3000石
◆慶安2年（1649）～
大久保氏8万3000石
◆延宝6年（1678）～
松平（大給）氏7万3000石
◆元禄4年（1691）～
土井氏7万石
◆宝暦12年（1762）～
水野氏6万石
◆文化14年（1817）～
小笠原氏6万石

DATA

●唐津城天守閣
営 9:00～17:00（入館は～16:40。季節により変更あり）
休 12月29日～12月31日休
料 入場料500円
交 JR唐津線唐津駅から徒歩20分
P あり（有料）
☎ 0955-72-5697

【玄界灘の海に臨む地に築かれた城】

唐津城は豊臣秀吉の家臣であった寺沢広高《ひろたか》が築いた城である。関ケ原の合戦では徳川方で戦った広高は、肥後天草4万石を加増され12万3000石の大名になった。その石高にふさわしい居城として慶長7年（1602）、築城を開始したのが唐津城である。工事には7年の歳月を要し、完成は慶長13年（1608）のこと。文禄・慶長の役の後に廃城となった肥前名護屋《なごや》城の解体資材が用いられたという説もあり、大がかりな築城だったようだ。

本丸は松浦《まつうら》川の河口、玄界灘の海が見える小高い満島山《みつしまやま》の上に置かれた。満島山は、松浦川の河口に西から東へ突き出した半島のような形になっていて、東端に本丸、その西側の二の門堀までが二の丸、現在の唐津神社や唐津市役所のあたりが三の丸。唐津駅が外曲輪で、大手門は唐津市役所の東南あたりにあるという広大な縄張を持つ城がつくられたのだった。

【徳川譜代の城へ】

唐津城を居城とした寺沢氏だが、寛永14年（1637）、島原の乱が起こり、寺沢氏2代堅高《かたたか》は、責任を問われて天草を没収された。堅高は自害し、寺沢氏は断絶した。

以後、唐津城は譜代大名の居城となった。大久保氏2代、松平（大給）氏3代、土井氏4代、水野氏4代と頻繁に交替し、文化14年（1817）に陸奥棚倉から小笠原長昌が入封し、小笠原氏5代長国の

海側から見た唐津城

二の丸への石段

ときに明治維新を迎えた。

【舞鶴《まいづる》城と虹の松原】

唐津城は舞鶴城という優雅な別名をもつ。本丸を鶴の頭部として、東西に広がる松原を鶴の羽にたとえて名付けられた。本丸の東に広がるのは、日本三大松原のひとつで国の特別名勝になっている「虹《にじ》の松原」。唐津湾のゆるやかな海岸線沿いに約4・5㎞にわたって続く松原で、松の数は約100万本ともいわれ、美しい白砂青松の弧を描く。

この松原は、慶長年間（1596～1615）、初代城主の寺沢広高の命によって、玄界灘からの風をさえぎる防風林として植林されたものだ。

【現代になって建てられた天守】

明治4年（1871）、唐津城は廃城になり、二の丸や三の丸は、現在は市街地になっている。とはいえ、旧二の丸の市街地には石垣や堀の一部が残っており、市役所の南に肥後堀が復元され、往時をしのばせてくれる。

現在、本丸跡は舞鶴公園として整備されている。もともと唐津城には天守台は造られたものの、天守は造営されないまま、明治維新を迎えた。その天守台に昭和41年（1966）に建てられたのが今日目にする天守である。5層5階地下1階の天守の内部は、唐津藩や唐津焼などの資料を展示する資料館となっている。

本丸は上段と下段に分かれており、天守閣は、海抜43ｍの上段に建つ。天守5階の展望フロアからは唐津湾や虹の松原の眺望を楽しめる。

本丸の石垣と土塀

長崎県（肥前国）

平戸城《ひらどじょう》

【長崎県平戸市／続日本100名城】

昭和37年（1962）再建の天守閣

歴代城主

◆元禄7年（1694）～
松浦氏5万1700石

DATA

●亀岡公園
交 JR佐世保線佐世保駅から徒歩2分の佐世保バスセンターから平戸桟橋行きバス1時間25分終点下車、徒歩15分
P あり（無料）
営 0950-22-4111（平戸市観光課）※見学自由

●平戸城
営 8:30～17:30
休 12月30日・31日休、他に臨時休館あり
料 入館料510円
☎ 0950-22-2201
※2019年10月～2021年3月頃、大規模改修のため閉館

【松浦水軍《まつらすいぐん》の拠点】

平戸は平安時代末期から水軍として名をはせた松浦氏の本拠地である。

松浦一族は、鎌倉時代の元寇《げんこう》では水軍兵力を発揮して元軍と戦い、鎌倉から室町・戦国時代にかけては朝鮮半島へと渡って和寇《わこう》として恐れられた。その後、豊臣秀吉のもとで朝鮮出兵におもむき、この地一帯を安堵された。慶長4年（1599）、松浦氏第26代鎮信《しげのぶ》のとき、平戸日の岳《たけ》城の築城に取りかかったのだった。

【城主自ら居城に放火】

しかし時代は転変する。豊臣秀吉から徳川家康の治世へと世の中が変わると、関ケ原の合戦に参戦せず、秀吉と親交が深かった松浦氏は辛酸をなめることになる。松浦鎮信が自らの後継とした孫の隆《たか》信《のぶ》を連れて駿府の家康と謁見を果たしたが、松浦氏へ疑いの目を向けていた家康は冷酷だった。

鎮信の苦悩は深かった。慶長18年（1613）、完成間近の日の岳城に鎮信は自ら火を放ち、焼却してしまった。長男の久信が急逝したことを悲嘆してのことというが、実際には徳川氏からの疑いを晴らすための行為だったといわれる。ちなみに久信《ひさのぶ》の死も、関ケ原に参戦しなかった責めを負っての自害という説が根強い。

この奇策によって松浦氏は所領を安堵され、鎮信は初代平戸藩主となる。が、城はないままであった。

【山鹿流《やまがりゅう》による縄張り】

松浦氏の城を持たない時代は約90年も続き、その間は居館でもある「御館《おたち》」に藩庁を置いた。築城がかなったのは5代藩主・松浦棟《たかし》のとき。

元禄16年（1703）、棟が幕府に築城を願い出ていたものに許可が下り、元禄17年（1704）に着工となった。これが平戸城の始まりである。

平戸城北虎口門へと続く道

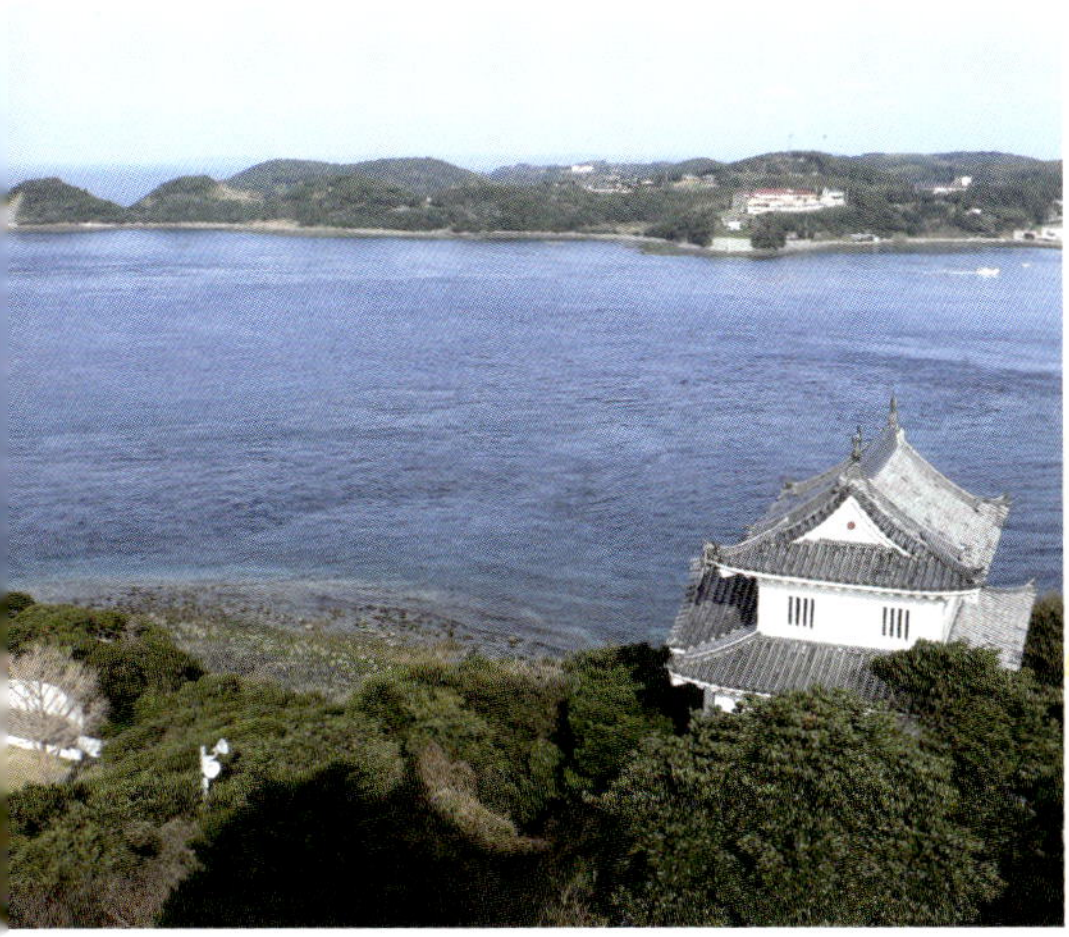

天守から見奏櫓を見る。平戸瀬戸の海の景色も眺望できる

北虎口門と狸櫓。北虎口門は下見板張りの簡素な城門だ

再建された天守閣へは、この本丸門を通っていく

4代藩主鎮信が軍学者の山鹿素行の弟子だったことから、山鹿流の縄張りにより築城された。そして、宝永4年（1707）に主要部分がつくられた時点で棟は平戸城へ居住した。江戸時代中期に築城が許可されたのは異例の出来事。幕閣と姻戚関係を結んだことや東シナ海の警備の必要性などの背景があったと推定されている。

【再建天守閣】

現在、平戸城一帯は亀岡《かめおか》公園となっている。本丸にそびえ立つ3層5階の天守は、昭和37年（1962）の再建。この天守閣再建と同時に乾櫓《いぬいやぐら》と見奏櫓《けんそうやぐら》、地蔵《じぞう》坂櫓《ざかやぐら》、懐柔櫓《かいじゅうやぐら》も復元され、風格ある城のたたずまいをみせる。天守閣の内部は資料館で、武具類や民俗資料、国の重要文化財の鐶頭《かんとう》太刀などが展示されている。

【北虎口門《きたこぐちもん》と狸櫓《たぬきやぐら》】

平戸城の遺構として唯一残る江戸時代の建築物が、北虎口門と付属する狸櫓。一風変わった名称は、櫓を壊そうとしたところタヌキが夢枕に立って「櫓内に一家で住んでいるので壊さないで欲しい。そうすれば城を守ります」と願い、これをかなえてやったという逸話による。

有名な「寺院と教会の見える風景」。瑞雲寺、光明寺の奥に平戸ザビエル記念教会が見える

島原城《しまばらじょう》

【長崎県島原市／日本100名城】

天守閣と3層の巽の櫓

歴代城主

◆元和2年（1616）～
松倉氏4万石
◆寛永15年（1638）～
高力氏4万石
◆寛文9年（1669）～
松平（深溝）氏6万5000石
◆寛延2年（1749）～
戸田氏7万7000石
◆安永3年（1774）～
松平（深溝）氏6万5000石

DATA

●島原城（天守閣・観光復興記念館・西望記念館）
営 9:00～17:30
休 無休
料 入館料540円（3館共通）
交 島原鉄道島原駅から徒歩5分
P あり（無料）
☎ 0957-62-4766（島原城天守閣事務所）

【松倉氏の築城と島原の乱】

戦国期から江戸時代初期にかけて、島原はキリシタン大名の有馬氏が支配し、キリシタンの領民が多い土地だった。が、慶長19年（1614）、有馬氏が転封となり、松倉重政が入封。重政は新たな城の築城に着手し、7年の歳月と延べ1万人という労力を費やし、寛永元年（1624）に島原城を完成させた。

島原藩4万石にしては大規模な城で、周囲4㎞の外郭に高石垣をめぐらし、城内に49の櫓を配置。本丸には5層の天守を建てた。この築城と同時期、重政は江戸城拡張に際して10万石の負担を受けている。そのため、領民に重い使役と重税を課し、さらに重政はキリシタンへの弾圧を強化。重政の跡を継いだ勝家も激しく弾圧した。そして寛永14年（1637）、島原の乱が勃発。4ヵ月の攻防の末、幕府軍により鎮圧されたが、約3万人の一揆軍は皆殺しに、幕府軍も死傷者数千人という壮絶な戦いだった。乱の原因をつくった松倉勝家は改易、のち斬罪。島原城は一揆軍の襲撃に耐え、明治維新まで4氏18代の居城となった。

【昭和期に再建された天守閣】

島原城跡には昭和35年（1960）に3層の西の隅櫓、昭和39年に5層の天守閣、昭和47年に3層の巽の櫓、昭和55年に丑寅の櫓などが再建された。天守閣内部にはキリシタン関係の史料を展示。丑《うし》寅《とら》の櫓は民具資料館。巽の櫓は、島原出身で長崎の平和祈念像の制作者・北村西《せい》望《ぼう》の作品を展示する西望記念館。また本丸跡には、江戸時代に三の丸にあった御馬見所が移築されている。

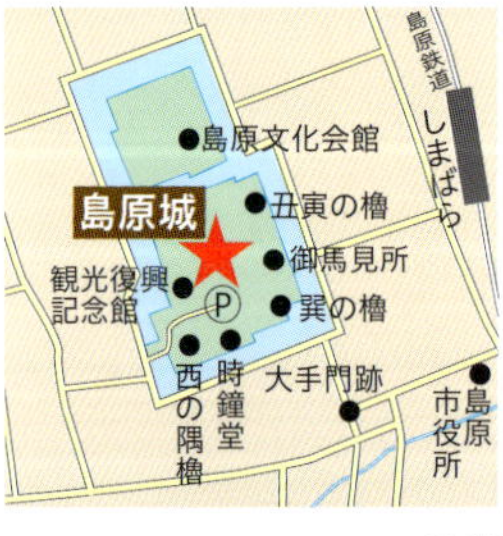

西三重櫓は昭和35年（1960）の再建

本丸の石垣。江戸時代の遺構である

長崎県（肥前国）

原城《はらじょう》

【長崎県南島原市／続日本100名城】

鳩山出丸付近から本丸櫓台を見る

歴代城主

中世城郭、有馬氏居城
◆元和2年(1616)
松倉入城、同年廃城

DATA	
●原城跡 交 島原鉄道島原駅からバス1時間原城前下車、徒歩15分 P あり(無料) ☎ 0957-73-6706（南島原市教育委員会）※見学自由 ●有馬キリシタン遺産記念館 営 9:00～18:00	休 木曜日・年末年始 料 入館料300円 交 島原鉄道島原駅からバス約1時間南有馬庁舎前下車、徒歩10分。原城跡からは徒歩30分 P あり(無料) ☎ 0957-85-3217

【有馬氏が築いた城郭】

原城は、肥前の戦国大名である有馬貴純《たかずみ》が居城（本城は日野江城）として中世に築城したという説がある。が、現在みられる石垣や土塁などの遺構は江戸時代初期のものとされ、それらを築いたのはキリシタン大名の有馬晴信《はるのぶ》といわれる。

有馬晴信の後、嫡男直純《なおずみ》が城主となるが、慶長19年（1614）、日向（宮崎県）に転封。元和2年（1616）、松倉重政《まつくらしげまさ》が領主となった。その後、幕府の一国一城令により原城は破棄された。

松倉重政は新たな居城として島原城の築城に着手。同時期に江戸城の石垣普請を受けており、2つの城の工事のために、領民は重い使役と重税に不満を募らせていった。重政の跡を継いだ松倉勝家《かついえ》は加えてキリシタン弾圧も強力に推し進めた。これが島原の乱につながっていく。

【島原の乱の激戦地に】

寛永14年（1637）12月3日に島原の乱が勃発。天草四郎時貞《ときさだ》を盟主とする一揆勢は2万数千人に及んだ。一揆軍は廃城となった原城を修復して籠城した。

この大規模反乱を重く見た幕府はこれを平定するため、12万6000人の大軍を結集して一揆軍を討伐。一揆軍はほぼ全員が死亡し、幕府軍も大勢の死傷者を出すという壮絶な攻防の末、乱が終結したのは寛永15年2月28日のことだった。

乱後、幕府は原城を徹底的に破却したとされていたが、近年の調査で大規模な石垣が地中に埋められていることがわかった。大量の瓦や、キリシタン大名有馬氏ならではの十字紋瓦や鉛製十字架なども出土。これらの出土品や発見された人骨の状況は、1.5㎞ほど離れた有馬キリシタン遺産記念館に展示されている。また、原城跡は「長崎と天草地方の潜伏キリシタン関連遺産」の構成資産として世界遺産に登録されている。

本丸北側の石垣

長崎県（肥前国）

福江城《ふくえじょう》

【長崎県五島市／続日本100名城】

歴代城主

◆慶長8年（1603）～
五島氏1万5000石

搦手門の水堀と石垣、土塀、石橋

DATA

●五島城跡
交 長崎港から九州商船ジェットフォイル1時間25分福江島福江港下船、徒歩5分
P なし
☎ 0959-74-0811（五島市観光物産課）※見学自由

●五島氏庭園（隠殿屋敷）
営 9:00～17:00
休 火曜、水曜、8月9日、中秋の日、12月27日～1月31日。他臨時休館あり
料 800円
☎ 0959-72-3519

【江戸時代末期の築城】

長崎の西方、東シナ海に浮かぶ５つの島と、大小１４０余りの島々からなる五島《ごとう》列島。江戸時代、慶長8年（１６０３）に１万５０００石で福江藩（五島藩）が成立し、外様大名の五島氏が明治維新にいたるまで藩主として治めた。

五島氏は五島列島福江《ふくえ》島に藩庁を置き、福江川のほど近くの高台に江川城を築いた。ところが慶長19年（１６１４）に焼失。寛永15年（１６３８）、石田浜に石田陣屋を造営し、藩庁としたのである。

そうして石田陣屋で藩政を執ってきた五島氏だが、幕末、変化を余儀なくされる。外国船が頻繁に行き来するようになり、外国船の襲来に備えて防衛拠点の城が必要になった。幕府に城の建設を願い出て、嘉永2年（１８４９）に築城許可が下りた。石田陣屋を大修築する形で築城工事が始まり、財政難のなか、2万両の工費と延べ5万人の労働者を動員し、完成したのは14年後の文久3年（１８６３）。これが福江城だ。石田城とも呼ばれ、規模は東西２９１ｍ、周囲２２４６ｍ。海に突き出し、三方を海に囲まれた海城だった。しかし、ほどなく明治維新を迎え、築城後わずか9年で解体された。

五島氏庭園は心字が池を中心にした庭で、国指定名勝

【往時の遺構】

現在、周囲は埋め立てられて市街地となっている。本丸跡に五島高校、二の丸跡には五島家の祖を祭る城山神社をはじめ、五島観光歴史資料館、図書館などが建つ。城郭の西側には横町口蹴出門と石橋、城壁や濠が残り、往時をしのばせる。

【五島氏庭園（国指定名勝）】

福江城跡の西側にあるのが五島氏庭園。福江城を築いた五島氏30代盛成《もりあきら》が安政5年（１８５８）から2年を費やして完成させた隠殿（隠居所）だ。老木が茂る庭園は、金閣寺丸池を模して造ったという風雅な庭。城郭内の庭園としても貴重だ。

厳原城《いずはらじょう》

【長崎県対馬市】

復元された金石城の大手門櫓

歴代城主

◆慶長5年(1600)～
宗氏10万石格

DATA

●厳原城(金石城)
文 福岡・博多港からジェットフォイル約2時間20分厳原港下船、徒歩15分
P あり(無料)
☎ 0920-52-1566(対馬観光物産協会) ※見学自由

【対馬《つしま》藩主宗《そう》氏の城】

長崎県対馬は、対馬海峡に浮かぶ国境の島。韓国の釜山《ぷさん》まではわずか49・5㎞の位置で、古くから朝鮮半島との交流が盛んだった。その対馬の地を治めていたのは宗《そう》氏。12世紀ごろに台頭し、15世紀中ごろには朝鮮交易を行なっていた。関ケ原の戦いで西軍につくが、朝鮮半島との貿易・外交の窓口として宗氏の力を重視した幕府により、対馬の地を安堵された。

対馬藩主宗氏の石高は公式には「なし」。島の大半が山々に覆われ、稲作が不可能な土地だったためだ。藩の財政は朝鮮交易による収入に頼ることになる。が、幕府は宗氏に「10万石格」を与えた。同様の例は北海道の松前《まつまえ》藩に見られるが、松前藩は「1万石以上格」。対馬藩の10万石の格付けは、幕府が、宗氏と朝鮮半島とのつながりを重視していたことを物語る。

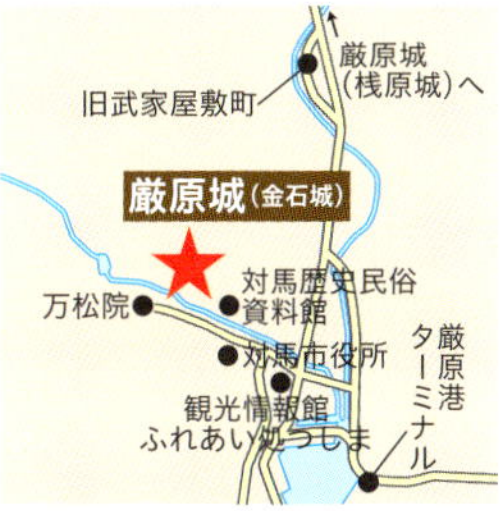

桟原城の高麗門は、対馬市立厳原幼稚園に移築されている

【金石《かねいし》城と桟原《さじきはら》城】

宗氏は、城地の移動を繰り返した。金石城は文禄年間(1592～1596)に宗氏15代将盛《まさもり》が築き、寛文5年(1665)、宗氏22代義真《よしざね》が拡張。背後にある宗氏菩提寺の万松院と一体化し、大手門に櫓を建て、城郭として整備された。

義真はさらに府中の東北に新しい城を計画。万治3年(1660)に着工し、18年をかけて桟原城を築いた。桟原城が宗氏の居城となるが、金石城も幕末まで存続し、金石城と桟原城の2つをあわせて府中《ふちゅう》城、あるいは厳原城と呼ばれた。2つの城を幕府が認めるのは異例だ。

金石城は石垣が多数残り、平成元年(1989)に大手門が復元された。城内には対馬歴史民俗資料館(整備のため、平成29年4月より2年程度、一時休館)があり、宗家の資料などを展示。桟原城跡は現在、陸上自衛隊の駐屯地となっており、見学不可となっている。

熊本城《くまもとじょう》

【熊本県熊本市／日本100名城】

大天守（被災前）

歴代城主

◆慶長5年（1600）～
加藤氏19万5000石

◆寛永9年（1632）～
細川氏54万石

DATA

営 8:30～17:30（11～3月は～16:30）
休 無休
料 熊本地震後は、本丸エリアなど有料区域は立ち入り規制中。二の丸広場や加藤神社等から復旧工事の様子を見ることができる
交 JR鹿児島本線熊本駅から熊本市電17分熊本城・市役所前下車、徒歩10分
P あり（有料）
☎ 096-352-5900

【熊本地震と復旧】

名古屋城、大坂城と並び、日本三名城として知られる熊本城。しかし、平成28年（2016）の熊本地震で甚大な被害を受けた。被害状況は熊本城全域にわたっており、復旧・復興には長い歳月と莫大な費用が見込まれる。熊本城の復旧に向けては、平成30年（2018）に「熊本城復旧基本計画」が策定された。まずは2021年の天守閣の復旧完了を目指し、工事が進行中。城全域の復旧が完了するのは2038年の予定。現在、本丸エリアなど有料区域の大半が立ち入ることができないが、二の丸広場などから復旧工事の様子を見ることができる。

熊本城がかつての姿を取り戻す日を心待ちに、城の歴史と魅力を紹介したい。

【加藤清正《きよまさ》が築いた城】

熊本城は加藤清正の城として名高い。天正16年（1588）、肥後国の北半分を豊臣秀吉から与えられた加藤清正は、茶臼《ちゃうす》山の一角にある中世以来の城に入り、石垣や櫓の構築を開始した。その後、清正は名護屋《なごや》城の築城や朝鮮出兵などを経験し、茶臼山一帯に巨大な城郭の造営を計画したとされている。発掘調査によって慶長4年（1599）銘がある軒平瓦が発見されているので、築城開始はこのころからではないかと思われる。

【日本三名城に数えられる壮大な城】

関ケ原の合戦後、肥後国全域の領主となった加藤清正は、城の造成に本腰を入れた。慶長12年（1607）に完成した城は、標高50mの山頂に本丸を置き、本丸を取り囲むようにして周りに平左衛門丸、数寄屋丸、飯田丸、東竹の丸、竹の丸、二の丸、三の丸などを配置する城であった。周囲5・3km、面積は98ha。城内には大天守と小天守などのほか、49もの櫓が林立、うち5階の櫓が5基もあるという、非常に壮大な城郭であった。

【昭和、平成の復元整備】

熊本城は明治10年（1877）の西南戦争の際に多くの建物を焼失した。それでも宇土《うど》櫓など13棟が残り、昭和期に国の重要文化財の指定を受けた。大天守と小天守は昭和35年（1960）に再建され、以後も、熊本市では往時の熊本城の姿をよみがえらせるべく、失われた櫓や多聞などの復元整備に取り組んだ。いずれも古写真や史料に基づいて忠実に再現するもので、計画は城郭全域に及んだ。平成期には南大手門や本丸御殿大広間などが復元された。こうしたなかで熊本地震が発生したのだ。熊本市では熊本城の復旧工事を進めながら城のさらなる調査研究を行い、将来的には幕末の熊本城の姿を目指していくとしている。

被災前の大天守と小天守。震災で小天守の石垣が崩落

重要文化財の宇土櫓（被災前）。震災では倒壊を免れたが、写真左側の続櫓は倒壊した

重要文化財の長塀（被災前）。震災で一部倒壊したため復旧工事中

【長塀（重要文化財）】

市電の熊本城前停留所から熊本城を目指すと、坪井川対岸にひときわ長い石垣が目に入る。この石垣の上に、242mにわたり設けられた塀が長塀。塀の内側は石製の控柱で支えられている。外部からこの長塀を見ると、白い漆喰と壁の黒い下見板張りの対比が美しい。地震で一部倒壊。復旧工事中である。

【大天守と小天守】

昭和35年、熊本城の建築物では最初に再建された。石垣の上に腕木を突き出し、その上に建物を載せているため、石垣の上端から天守1階が張り出しているという独特の姿だ。地震で被災し、復旧工事中だが、2019年10月には天守閣の外観が復旧となる。

【本丸御殿大広間】

平成20年（2008）、対面所、大広間、大御台所などが復元された。本丸御殿の床下に石垣でできた地下通路（闇通路）があるのも特色。本丸御殿も地震で被害を受けているが、倒壊は免れた。現在は内部見学不可。

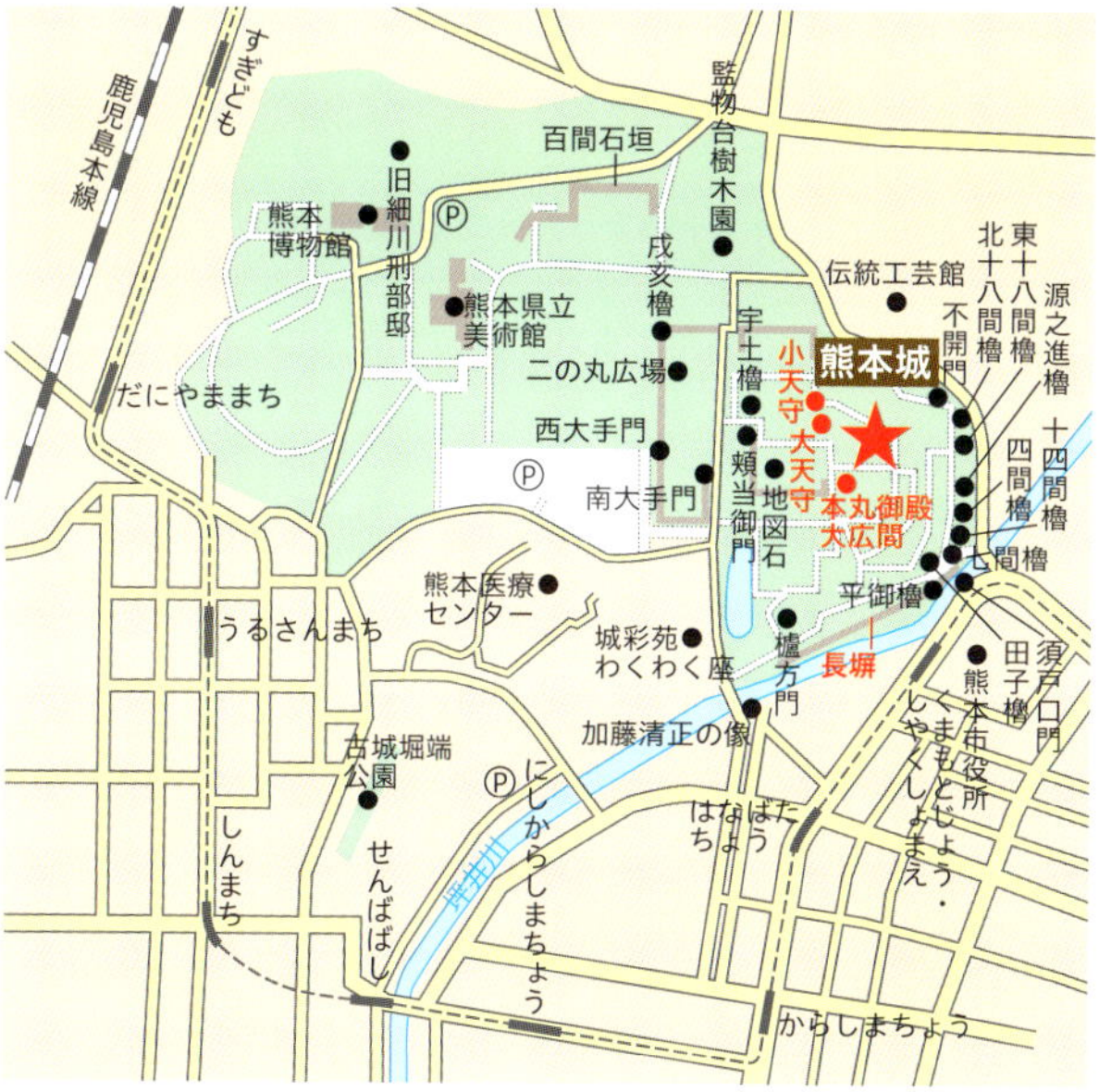

被災前の飯田丸五階櫓。地震で石垣が崩れ、隅石だけで櫓を支える「奇跡の一本石垣」として話題になった

本丸御殿（被災前）

熊本県（肥後国）

人吉城《ひとよしじょう》

【熊本県人吉市／日本100名城】

城主の館の御館の入り口となる堀合門

歴代城主

◆慶長元年（1596）～
相良氏2万2000石

DATA

●人吉城公園
交 肥薩線人吉駅から徒歩35分
P あり（無料）
☎ 0966-22-2111（人吉市観光振興課） ※見学自由。

●人吉城歴史館
営 9:00～16:30
休 第2月曜（祝日の場合はその翌日）休
料 入館料200円
☎ 0966-22-2324

【相良《さがら》氏代々の城】

球磨《くま》川は最上川、富士川と並ぶ日本三大急流のひとつ。その球磨川の中流部に位置する人吉は、鎌倉時代初期から明治維新までおよそ700年にわたって球磨地方を支配した相良氏の本拠地で、その拠点となったのが人吉城だ。

【武者返しの石垣】

城跡の一帯は国指定史跡。人吉城公園として整備がされているのは江戸時代初期に改修された城の跡。球磨川沿いに三の丸、その南に二の丸、丘陵上に本丸が配されていた。本丸には天守は築かれず、護摩堂があったという。

遺構として石垣が良好に残る。なかでも堀合門から続く石垣は「武者返し」と呼ばれ、最上部が外側に張り出す独特の外観。このような石垣上部を突出させるのは「跳ね出し」という技法だ。函館の五稜郭や品川台場など幕末に築造された城郭に見られ、古式のものは珍しい。

【復元された多門櫓】

外曲輪にあたる城の西側には、角《すみ》櫓と多門櫓、長塀が復元されている。

御館北側の石垣。武者返しと呼ばれ、上部に突出（はね出し）がある。

多門櫓は大手門の脇の守りを固めるための櫓で、復元された櫓の内部は展示スペースになっている。角櫓は北西隅の要所に建てられ、江戸時代後期には漆の貯蔵庫として使われていた。

【人吉城歴史館】

多門櫓の近くには、人吉城歴史館がある。発掘調査によって井戸を備えた地下室遺構が発見され、遺構を保存・展示している。井戸を備えた屋敷の地下室は全国的にも珍しい。展示室では相良氏の歴史や人吉城に関する資料を展示。

多門櫓。内部は展示スペースになっている

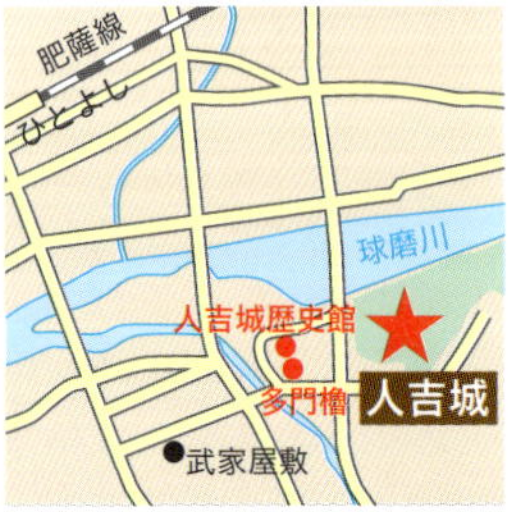

宮崎県（日向国）

飫肥城《おびじょう》

【宮崎県日南市／日本100名城】

歴代城主

◆慶長5年（1600）～
伊東氏5万1000石

櫓門形式の大手門

DATA

●飫肥城跡
交 JR日南線飫肥駅から徒歩15分
P あり（無料）
☎ 0987-31-0606（日南市観光協会）※見学自由。

●飫肥城歴史資料館
営 9:00～16:30
休 無休
料 入館料610円（飫肥城歴史資料館・松尾の丸・小村記念館・豫章館・旧山本猪平家・商家資料館・旧高橋源次郎家の共通券。他の施設の営業時間などは歴史資料館に順ずる）
☎ 0987-25-4533

●松尾の丸
営 9:30～16:30
休 無休
☎ 0987-25-4533

【伊東氏と島津氏の100年戦争】

飫肥城の始まりは明らかではないが、南北朝時代には城砦が築かれていたという。室町時代には薩摩の島津氏の支配下にあった。

建武2年（1335）、伊東氏が日向（宮崎県）に下向し、都於郡《とのこおり》城（西都市）を築いて勢力拡大をはかった。伊東氏は文明16年（1484）から島津氏の飫肥城を攻撃し、永禄11年（1568）についに攻め落とした。しかし、元亀3年（1572）に島津氏の逆襲にあい、飫肥城を失った。

天正15年（1587）の豊臣秀吉の九州平定で軍功をあげた伊東祐兵《すけたけ》に飫肥城が与えられ、城主に返り咲いた。祐兵は関ケ原の戦いでも徳川家康率いる東軍につき、所領を安堵され、飫肥城は祐兵を初代とし伊東氏14代の居城として明治維新を迎えた。

大手虎口。飫肥城資料館、城内の急峻な階段

【元禄の大修復工事】

貞享元年（1684）、飫肥地方は大地震に見舞われ、飫肥城も本丸が損壊するなど大きな被害を受けた。貞享3年から大復旧工事が始まり、8年後の元禄3年（1693）に完成。近世城郭に生まれ変わった。

【大手門と本丸跡】

大手門は昭和53年（1978）に樹齢100年以上の飫肥杉を使って復元された。大手門をくぐり、石垣に沿って上っていくと、書院造りの飫肥城歴史資料館。伊東氏ゆかりの武具や古文書などを展示している。資料館の先には飫肥小学校があるが、ここが本丸跡。近くに薬医門形式の旧本丸北門が復元されている。

【松尾の丸】

旧本丸跡の南側は松尾の丸という曲輪だ。ここには、江戸時代の御殿が再現されている。御座の間、御寝所、茶室、湯殿などがある。

鹿児島県（薩摩国）

鹿児島城《かごしまじょう》

【鹿児島県鹿児島市／日本100名城】

御楼門跡。櫓門復元工事中（2020年完成予定）

歴代城主

◆慶長9年（1604）～
島津氏72万8000石

DATA

●鹿児島城跡
交 JR九州新幹線・鹿児島本線鹿児島中央駅から鹿児島市電14分市役所前下車、徒歩5分。
P あり（無料）
☎ 099-216-1327（鹿児島市観光課）※見学自由。

●鹿児島県歴史資料センター黎明館
営 9:00～18:00
料 310円
休 月曜曜（祝日の場合は翌日）、毎月25日（土・日曜の場合は開館）
☎ 099-222-5100

●仙厳園（磯庭園）
営 8:30～17:30（11月1日～3月15日は～17:20）
休 無休
料 入園料1000円（庭園・尚古集成館）
交 JR鹿児島中央駅からバス25分仙厳園下車。
P あり（有料）
☎ 099-247-1551

【九州の名門、島津氏の居城】

鹿児島城は鹿児島市のほぼ中央、標高107mの城《しろ》山《やま》山麓に築かれた平城。いわずと知れた島津氏の居城である。地元では別名の「鶴丸《つるまる》城」で知られ、史跡の表示石柱も「鶴丸城跡」となっている。

島津氏はさかのぼれば平安時代末期まで行きつくという名門の家柄。家祖となる忠久《ただひさ》は源頼朝に従って奥州平泉で戦功を上げ、薩摩・大隅・日向三国の守護職に任じられた。これが島津氏による薩摩統治の始まり。その後明治維新まで約700年間にわたり、島津氏は薩摩の支配者であり続けたわけで、ひとつの家系がこれほどの長期間同じ地域を支配した例は、ほかには皆無である。

【中世以来の城館造りを踏襲】

関ケ原の合戦では、島津義弘《よしひろ》が西軍方で戦い、敗戦。義弘の跡を継いだ家久《いえひさ》は、旧領の支配を認められ、薩摩藩の初代藩主となった。家久は、それまで存在した城山の上山《うえやま》城を詰の城として、山麓に新しい居館を築いた。中世から続く伝統的な城館造りの技法である。慶長9年（1604）に城は完成。当初は上山城部分を本丸、山麓を藩主居館と呼んでいたが、その後、上山城は廃止され、山麓の居館だけの城となった。

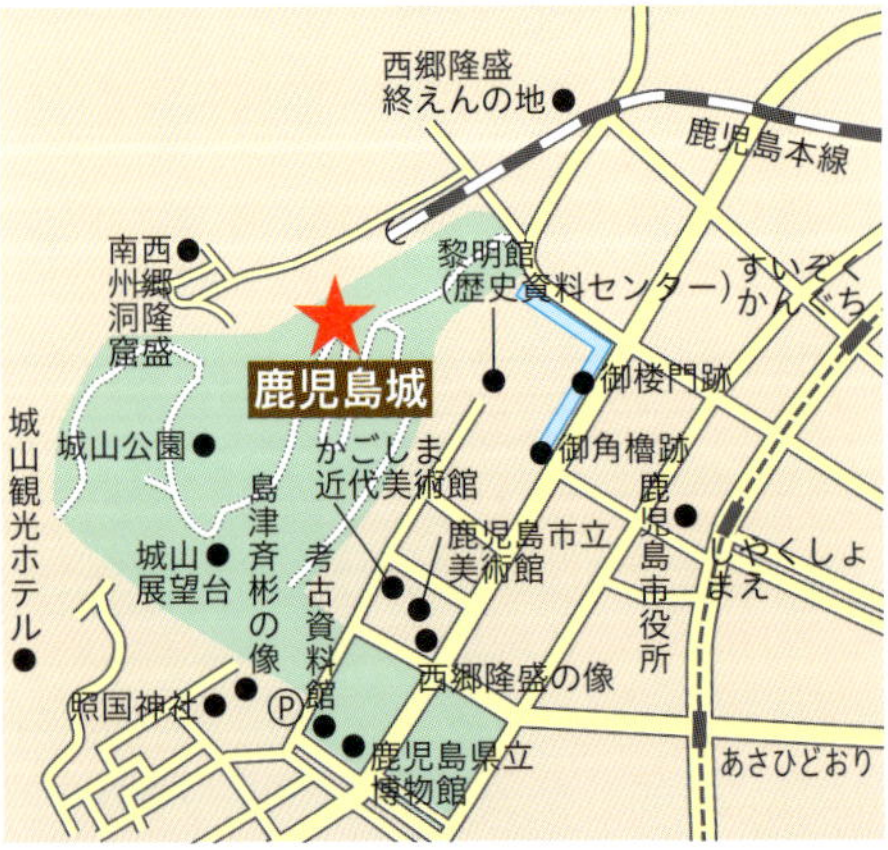

【天守のない御殿だけの城】

鹿児島城は本丸と二の丸の2つの曲輪が南北に並ぶだけで、72万石規模の大名の居城らしくないシンプルな構造。天守は築かれず、本丸には政庁と藩主居館、表書院などの御殿。二の丸には世継ぎ、側室などの居館や庭園が設けられていた。城内唯一の重層建造物は表門である御楼門《ごろうもん》だ。渡櫓門形式で、門の内側は枡形となっていた。現存する枡形石垣には西南戦争時の銃弾の跡が残っている。

このように鹿児島城は、藩政の拠点ではあったが、要害ではなかった。関ケ原合戦の直後という築城時期だけに、徳川幕府を刺激しない意識があったと思われる。

薩摩独特の外城《とじょう》制度も背景にある。領内100カ所以上に「麓《ふもと》」と呼ばれる地域支配の拠点が設けられ、それらが実質的には城砦「外城」となり、内城の本城を守るシステムである。「麓」が機能すれば、本城の鹿児島城をあえて要害化する必要はない、ということのようだ。

本丸北東隅、鬼門除けに入欠された石垣

御楼門跡の枡形

仙巌園からは桜島を間近に望める

仙巌園。書院造の磯御殿

本丸跡に建つ黎明館

西郷隆盛の像

【石垣や堀が残る】

鹿児島城は明治6年（1873）、火災で本丸御殿を失い、明治10年（1877）の西南戦争で二の丸を焼失。現在はハスに彩られた内堀と、石垣の一部が残る。本丸跡には鹿児島県歴史資料センター黎明館があり、歴史や民俗、美術工芸を展示。二の丸跡にある照国神社には、二の丸庭園の探勝園が復元されている。

鹿児島城背後の城山は、西南戦争の激戦地。西郷隆盛が立てこもり、自刃した。

広大な規模で72万石の大大名であることを感じさせるのが、藩主別邸の仙巌園《せんがんえん》（磯庭園）。万治元年（1658）、2代藩主光久が造営。磯御殿から眺める錦江湾《きんこう》と桜島を借景とした庭園が素晴らしい。

沖縄県（琉球王国）

首里城《しゅりじょう》

【沖縄県那覇市／日本100名城】

久慶門。城壁のなかにアーチ門を設け、その上に櫓を載せている

歴代城主

中世から近世にまで続いた琉球王尚氏の居城

DATA

●首里城公園
営8:00～19:30（12～3月は～18:30、7～9月は～20:30）
休無休
料無料
交ゆいレール（沖縄都市モノレール）首里駅から徒歩15分
Pあり（有料）
☎098-886-2020（首里城公園管理センター）

●首里城公園有料区域（正殿・奉神門・南殿・番所・書院・鎖之間・黄金御殿・寄満・近習詰所・奥書院・北殿）
営8:30～19:00（12～3月は～18:00、7～9月は～20:00）
休7月第1水曜日とその翌日
料820円
☎098-886-2020（首里城公園管理センター）

●玉陵
営9:00～17:30（入場締切）
休無休
料拝観料300円
Pなし
☎098-885-2861（玉陵管理事務所）

【沖縄のグスク】

グスクとは沖縄の城の総称。沖縄本島のほか、先島諸島や宮古・八重山群島、そしてかつて琉球王国の支配下であった奄美大島も含めて、その数は200以上にもなるという。グスクは石垣を中心とした城郭ではあるが、水堀がない、天守はなく御殿があるなど、本州、四国、九州の城とは趣を異にする。

沖縄でグスクが初めて造られるのは12世紀ころ。間切（集落）ごとに按司《あじ》（城主、あるいは支配者）が誕生し、拠点となる砦を作り、それぞれが宋（中国）や大和（日本）と交易をした。これらの砦がグスクの始まり。13世紀には、沖縄本島におよそ135のグスクがあって、それぞれの按司がお互いの領地や支配権をめぐって小競り合いをするようになっていた。

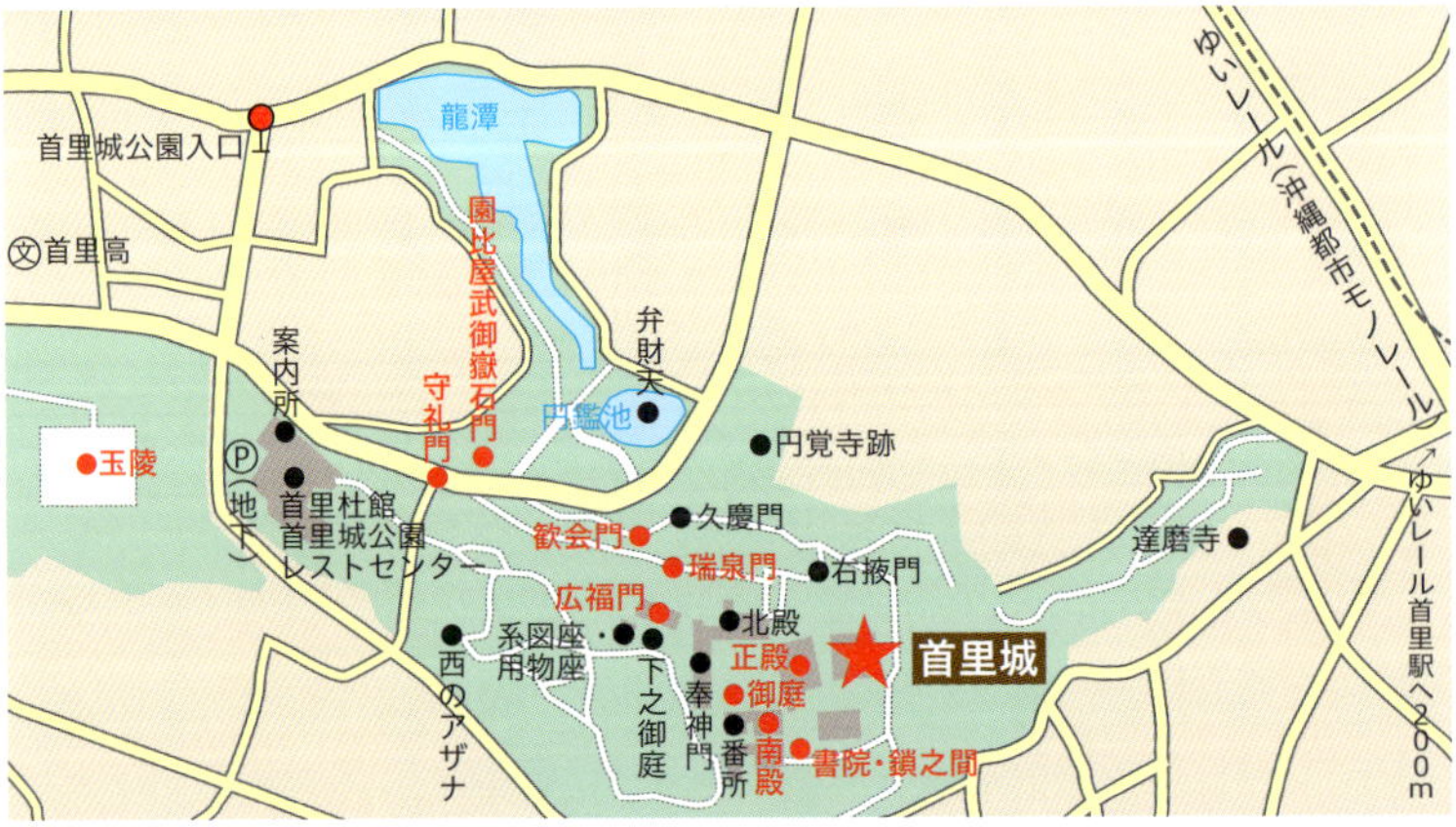

【三山《さんざん》時代と尚《しょう》王統の始まり】

14世紀に入ると、小規模な争いが繰り

守礼門。首里城の中門

歓会門は首里城の表玄関

内曲輪の石垣に設けられた瑞泉門

返されるなかから、特定の按司が台頭、やがて沖縄北部の北山《ほくざん》、中南部の中山《ちゅうざん》、南部の南山《なんざん》に集約されていく。そしてこの三山での争いがしばらく続くことになる。これを三山時代という。

　１４０６年、南山の巴志《はし》が中山の首里を攻め落とし、父親を中山王とした。そして１４１６年、巴志は１４２９年、北山の中心であった今帰仁《なきじん》城を攻略。巴志は三山を統一して沖縄本島全域を支配下に置き、１４３０年、最初の琉球王として、明国から冊封《さっぽう》された。このとき明皇帝から与えられた姓が「尚」で、これ以降巴志は尚巴志と名乗ることになる。第一尚王統の始まりだ。

【内乱と第一尚王統の滅亡】

　尚巴志の没後、沖縄は再び内乱の時代を迎える。１４５３年には尚氏の後継をめぐって尚志魯《しろ》と尚布里《ふり》という、甥と叔父の戦い。１４５８年には勝連城主阿麻《あま》和利《わり》の乱と、中城城主護佐丸《ごさまる》の乱。そして１４６９年には、６代王の尚泰久《たいきゅう》の側近だった金丸《かなまる》がクーデターを起こし、泰久の息子尚徳王《とくおう》を廃する。こうして第一尚王統は、尚巴志王からわずか40年で滅亡することになる。

【第二尚王統】

　クーデターを起こした金丸は、１４７０年、自ら尚氏を名乗って新王に即位、尚円王《えんおう》となる。第二尚王統の始まりだ。

　尚円王は首里城と首里城下町の整備を進めた。首里城は第一尚王統の時代から

御庭と正殿

尚氏の居城だったが、尚円は王国の首都にふさわしい、政治・文化・経済の中心としての都市である首里を目指した。そして琉球王国は戦乱の時代から泰平の時代へと変貌していくのだ。

【薩摩の琉球侵攻】

慶長14年（1609）、平和な国に変わっていた琉球王国に、薩摩藩島津軍が100隻の船に3000人の兵で侵攻してきた。薩摩軍は、新兵器火縄銃により、琉球上陸後わずか5日で首里城を陥落させた。尚寧王《ねいおう》は拘束され、薩摩に連行された。そして、屈辱的な講和条件を飲まされる。それは奄美諸島を琉球王国から薩摩に委譲すること、琉球王と三司官（大臣に相当する）の任命権は薩摩にあること、毎年8000石相当を薩摩に献上することなどだった。

琉球王国は独立国家として明（中国）と貿易をしていた。薩摩はその利権を狙ったのだろう。琉球王国は、独立国家でありながら薩摩の支配下にあるという特殊な体制を余儀なくされ、この体制は明治まで続いた。

城壁は沖縄の城特有のうねりをみせる

正殿の玉座

漏刻門

【破壊と再建】

明治以降琉球王朝は消滅し、首里城は無人の城となる。城跡は国宝に指定されていたが、昭和20年（1945）の沖縄戦で城郭は破壊され、城跡の面影は失われていた。しかし近年になって城跡の公園化整備が進み、平成4年（1992）には正殿をはじめとする主要部分が再建され、国営公園として一般公開された。そして平成12年、沖縄県の他のグスクとともに世界遺産に登録された。

【守礼門《しゅれいもん》】

首里城大手道（綾門大道）にある首里城の中門。最も外側の中山門は失われているので、この門が現在は首里城の入口にあたる。門は昭和33年（1958）の再建で、琉球と日本・中国の様式が混ざって建てられている。首里城の御殿などが再建される前はこの門が首里のシンボルだった。

【園比屋武御嶽石門《そのひゃんうたきいしもん》（重要文化財）】

御嶽とは聖域のこと。守礼門近くにあるこの御嶽は、首里城を守る御嶽で、塀や門、屋根などすべて石造り。16世紀初頭に造られたもので、琉球王国関連の遺産として世界遺産に登録されている。

【歓会門《かんかいもん》】

首里城外郭石垣に設けられた城の正門。ゆるやかに曲線を描く石垣の城壁にアーチ門を構え、上部に櫓を載せている。

【瑞泉門《ずいせんもん》】

歓会門の先にある、城の内郭石垣に設

けられた門。石垣を分断して通路とし、左右の石垣に渡す形で櫓を載せる。形式としては本土の城郭の渡櫓門と同じものになる。瑞泉は門前にある泉のことで、泉に水を注ぐ龍樋《りゅうひ》は、1523年に中国から渡来したものを修復している。

【広福門】

木造入母屋造の門で、門内に大与座（戸籍などを扱う）と寺社座（寺社を扱う）があった。現在は入場券売り場と見学者用トイレになっている。門をくぐると下之御庭で、首里城の中心部となる。

【御庭《うなー》】

奉神門をくぐると正面に正殿、右手には南殿・番所、左には北殿があり、これらの建物に囲まれた、東西約40m、南北約44mの四角い広場が御庭。式典や祭事などが行なわれる重要な場所

夜間はライトアップされる

で、地面は帯状に敷瓦《しきがわら》で舗装されている。これは式典の際などに諸官や道具を配置する目安とするためのもの。また御庭の中央を正殿に向かって直線的に延びる通路は、王と賓客専用の「浮道《うきみち》」である。

【南殿】

首里城の建造物の多くが朱塗りだが、南殿は白木の建物。ここは薩摩の役人の接待所として作られたため、日本本土の様式を取り入れているのだ。現在、内部では美術工芸品などを展示。

【正殿】

国王の座する御差床があり、首里城の中心となる施設。3階建てで、琉球最大の木造建築だ。石積みの基壇の上に建物を立て、基壇に上る石段は手前が広く奥が狭くなっており、石段の両脇には龍を柱に見立てて彫刻した大龍柱が立てられている。建物正面の極彩色の唐破風も印象的だ。棟飾りには焼物の龍が置かれている。建物内部も往時のままに復元されている。平成4年（1992）の再建。

【書院・鎖之間】

国王が日常の政務を執った建物で、中国からの冊封使や薩摩の役人の接待などにも使われた。平成18年の再建。

【玉陵《たまうどぅん》（重要文化財）】

1501年、尚真王によって、王統の陵墓として築かれた。石を組んだ屋根のある破風墓で、王や王族が亡くなるとまず中央の石室に遺体を安置し、数年後に骨を取り出して王と王妃は東の石室に、王族は西の石室に納骨した。王家が祖先信仰の模範者として壮大な墓を整備することで祖先崇拝信仰を国内統治の安定・強化に結び付けようとした意図があったという。首里城とともに世界遺産に登録された。

復元された御殿

園比屋武御嶽石門

沖縄県（琉球）

座喜味城《ざきみじょう》

【沖縄県読谷村／続日本100名城】

独特の曲線美を見せる外壁の石塁

歴代城主

中世城郭、　護佐丸の拠点

DATA

●座喜味城跡
交 那覇バスターミナルからバス読谷線1時間20分座喜味下車、徒歩15分
P あり（無料）
☎ 098-958-3141（世界遺産座喜味城跡ユンタンザミュージアム）※見学自由

●世界遺産座喜味城跡ユンタンザミュージアム
営 9:00～17:30
休 水曜休（祝日の場合は翌日）
料 入館料500円

【築城の名手護佐丸《ごさまる》の築いた城】

沖縄本島西海岸、本島北部と中部の境目の城原の山の上に築かれていた城。沖縄史上第一の築城家として名高い護佐丸が、15世紀初頭に築いた。この当時の沖縄本島は三山時代と呼ばれ、沖縄北部の北山《ほくざん》、中南部の中山《ちゅうざん》、南部の南山《なんざん》の三山での争いが続いていた。

護佐丸は中山王の尚巴志《しょうはし》の北山攻めに大将格で参加、今帰仁城を攻め落とし、その後、自らの拠点として築いたのがこの城とされる。護佐丸はこの城を拠点に読谷《よみたん》山一帯の広大な地域を確保し、北方の長浜港での貿易の利を掌握した。

【戦闘用に特化した特殊な構造】

座喜味城は、沖縄のグスクとしては中規模だが2つの郭しかない。アーチ型の大手門をくぐると二の郭、その先の石段を登ると一の郭。一の郭には建物の礎石群が残るが、二の郭には建物の形跡がない。二の郭の門脇の横矢掛りや袋地から、戦時を意識した構造とされる。

この城の石塁は、沖縄のグスクの城壁独特の曲線が特徴。また、アーチ門に用いられたくさび石は独特。くさび石はアーチ石のかみ合う部分、門の表と裏両面にはめられているが、他のグスク等には類例が見られない。このアーチ石門は現存する沖縄最古のアーチとされる。一の郭アーチ門の両側の石塁は、沖縄本島では珍しい野面積の石塁。同城の石塁は、4kmほど離れた山田城の石塁を壊して運んだとされる。

なお、座喜味城入口に、平成30年（2018）に「世界遺産座喜味城跡ユンタンザミュージアム」が開館した。

アーチ門に見られるくさび

一の郭城壁の上から二の郭を見る

大手門。座喜味城内への唯一の入り口だ

沖縄県（琉球）

勝連城《かつれんじょう》

【沖縄県うるま市／続日本100名城】

歴代城主

中世城郭、阿麻和利ほかの居城

三の曲輪から一の曲輪へ登石垣が続く。右の石段を上った平場が二の曲輪、その上が一の曲輪

DATA

●勝連城跡
営 9:00～18:00
休 無休
料 無料
交 那覇バスターミナルから与勝線（52番）屋慶名バスターミナル行1時間20分勝連城跡前下車
P あり（無料）
☎ 098 - 923 - 7182（うるま市教育委員会文化財課）

【護佐丸《ごさまる》を滅ぼした阿麻和利《あまわり》の城】

沖縄本島中部、勝連半島の断崖絶壁を利用した天然の要害の地に築かれた城。そびえたつ石垣が印象的だ。この城は12世紀ないし13世紀ごろに築かれ、15世紀の城主・阿麻和利の時代に最盛期を迎えたようだ。阿麻和利は1458年、中城《なかぐすく》城の護佐丸を攻め滅ぼすが、勢いに乗って首里城を攻めて大敗、滅亡した。

【階段状に曲輪が連続する】

勝連城は典型的な梯郭式《ていかくしき》の城である。標高98mの頂上部分に一の曲輪があり、標高80mの二の曲輪、76mの三の曲輪、63mの四の曲輪と、階段状に曲輪が並ぶ。さらに四の曲輪の東側には東の曲輪もあり、城郭の規模は比較的大きい。

発掘調査によって、宋・元の青磁や南蛮手の陶器などが発見されている。これらは中国・南海との貿易を示す遺物である。

三の曲輪虎口付近の石垣。独特の曲線を描く

四の曲輪から望む三の曲輪の大城壁。四の曲輪から三の曲輪へ、大きく折り返して石畳道が続く

【変化に富んだ石垣と曲輪】

四の曲輪から城壁に沿って急勾配の石段を上ると三の曲輪。特徴的なことは、石段の踏面が下向きに傾斜していること。雨水などの水はけを考慮し、さらに、戦いの場となった時には敵兵の突進力を低減させる効果も狙ったと思われる。

三の曲輪虎口の石垣は独特の曲線を描く。登石垣も特徴的だ。三の曲輪には、儀礼の場だった御庭《うなー》の跡がある。二の曲輪は行政府の建物があったとされる。

一の曲輪は中央に玉ノミウヂ御嶽《うたき》があり、神聖な場所として祈念の対象だった。ここからは本島北部の山々、南部の知念半島など望むことができる。宿敵・護佐丸の居城である中城城も確認でき、軍事的見張り場の役割も果たしている。

沖縄県（琉球）

今帰仁城《なきじんぐすく》

【沖縄県今帰仁村／日本100名城】

大隅（うーしみ）の石垣。独特の曲線美を見せている

歴代城主

◆13世紀ころ〜
築城、城主不明
◆14世紀半ばころ〜
怕尼芝（はにし）王
◆14世紀末ころ〜
珉（みん）王
◆15世紀初期ころ〜
攀安知（はんあんち）王
◆15世紀前半〜
北山監守が管理
◆1665年
廃城

DATA

営8:00〜17:30
料入場料400円
（今帰仁村歴史文化センターと共通）
交那覇空港から名護行き高速バス約１時間50分名護バスターミナル下車、名護バスターミナルからバス本部半島一周線45分今帰仁城址入口下車.徒歩30分
Pあり（無料）
☎0980-56-4 400

正門となる平郎門

【日本最古級の城壁を有する城】

「琉球王国のグスク及び関連遺跡群」として世界遺産に登録されている。

今帰仁城は琉球王国の統一以前の14〜15世紀にかけて、沖縄本島北部に勢力を誇っていた北山《ほくざん》王の居城。13世紀末には城郭としての姿を整えていたとされ、城壁を持つ城としては日本最古級といえる。

城の縄張総面積は約3万㎡にもなり、首里城をのぞけば沖縄で最大規模を誇るグスク。支配圏も広く、最盛期には海を越えて沖永良部《おきのえらぶ》諸島や与論島も支配下においていたという。

そんな今帰仁城の最後の城主は攀安《はんあん》知《ち》。攀安知は沖縄本島中南部への侵攻を考えていたが、１４１６年、中山《ちゅうざん》の支配者だった尚巴志《しょうはし》が先手を打って北山に侵攻。約３０００人の兵で今帰仁を攻めた。しかし、堅固な要塞である今帰仁城は攻撃を撃退。巴志は、正攻法をあきらめ、安知の部下を味方に引き入れて北山軍を城外におびき出し、その隙に城内に侵入、城を攻略した。その後の今帰仁城には、首里王府から北部を管轄する北山《ほくざん》監守《かんしゅ》が派遣され、17世紀初め頃まで北山監守の居城として使用された。

【複雑な縄張と雄大な石垣】

城の縄張は複雑で、主郭を中心に10の郭があり、それぞれが石垣で囲まれて独立した空間になっている。城壁の石垣は高さ３〜８ｍ、総延長は１５００ｍ。城壁が曲線を描きながら続く様は圧巻だ。城郭の入口となる平郎門《へいろうもん》は、城壁に開けられた通路で、本土の城に見られる埋門《うずみもん》のような造り。門の左右には狭間を設けて外敵を攻撃できるようになっている。

平郎門からは長い石段がまっすぐに上部の郭へ続いている。石段を上り詰めた広場が大庭《うーみゃー》。南殿があったと推定されるところだ。その北側の一段高くなった部分か北殿があったところという。

沖縄県（琉球）

中城城《なかぐすくじょう》

【沖縄県中城村・北中城村／日本100名城】

歴代城主

◆中世城郭、
護佐丸ほかの居城

正門跡から一の郭の石垣を見る

DATA

営 8:30〜17:00（5〜9月は〜18:00）
休 無休
料 入場料400円
交 那覇バスターミナルからバス泡瀬東線50分中城小学校前下車、徒歩30分
P あり（無料）
☎ 098-935-5719（中城城跡共同管理協議会）

【謎が多い護佐丸《ごさまる》の名城】

「琉球王国のグスク及び関連遺跡群」として世界遺産に登録されている。

中城城はその成立など謎が多い城である。現在見られる城郭は、14世紀末頃までこの地方を治めていた按司《あじ》（その土地の領主）の城をベースにして、15世紀前半頃までに護佐丸により築かれたものと考えられている。

護佐丸は琉球三山統一の今帰仁《なきじん》城攻略で戦功を上げた按司で、今帰仁城を参考に座喜味《ざきみ》城を築城。しかし、勝連城を拠点にしていた勝連按司を警戒した尚巴志《しょうはし》王から中城を与えられ、城壁などを整備・拡張したと伝わる。

【複雑な縄張】

中城城の縄張は、表門から続く西の郭、そこから東南へ上がった二の郭、二の郭の南西の最高部に一の郭があり、さらに西の郭から北の郭を経て上がる三の郭など6つの郭からなる。二の郭と三の郭が隣接していながら直接行き来できないこと、一・二の郭と、三の郭や北の郭の石積み技法が違うことなど、複雑な縄張になっていることが特徴的である。

二の郭の石垣と城門

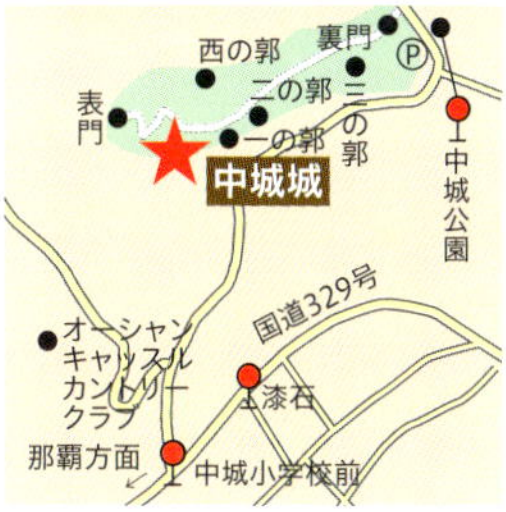

【城壁とアーチ門】

裏門は城壁に空けられた曲線を描くアーチ門。郭と郭の間の城壁もアーチ門で連結されている。城壁は、琉球石灰岩の切石を基本にし、自然の岩石と地形を生かした曲線の美しい石垣。嘉永6年（1853）に訪れたアメリカの探検隊一行もその建築技術を高く評価した。

【横矢《よこや》のある表門と城壁の武者走】

表門は左右の石垣の上に櫓を載せた渡櫓《わたりやぐら》門の形式。櫓は2層の楼門だったらしい。ここは左右の石垣の上から敵を迎撃できる横矢掛《よこやかがり》になっており、胸壁には狭間《さま》が開けられている。また、郭を取り囲む城壁は武者走りになっていて、城壁の上が戦闘の場であったことがわかる。

城郭用語辞典

城郭とは

一般的にいって、城郭のイメージは勇壮にそびえる天守閣だろう。しかし、城郭、特に近世城郭においては、城郭イコール天守閣ではない。多くの場合、天守閣が建つ本丸、それに次ぐ二の丸、三の丸などの曲輪、堀、土塁などをすべて含めて「城郭」という。城の最も外側の部分を「総構え」といい、総構えの内側がすべて城郭である。城によっては、城郭内に城下町を含むこともある。その意味では、現代では城郭の大半は市街地化しており、旧本丸など城郭の一部だけが城跡と呼ばれている場合が多い。

用語集

〈城郭一般〉

●犬走（いぬばしり）
土居や石垣の外側に沿って続くごく細い通路。または塁上から城外へ下る坂。

●曲輪（くるわ）
郭とも書く。堀や石垣、土塁などで区分された城内の区画のこと。近世城郭では本丸・二の丸など「丸」と呼ばれることが多い。また一の郭、二の郭といった表記もある。天守閣や御殿など城郭の中心的施設が集中しているのはおおむね本丸（一の郭）で、ここを中心に二の丸、三の丸などが配置されることが多い。

●虎口（こぐち）
城の出入り口のこと。

●総構え（そうがまえ）
城の最も外側。

●詰の城（つめのしろ）
本城の背後を守るとともに、本城が落城した場合の最後の砦として造られた支城。

●縄張（なわばり）
曲輪や建物の配置。また、築城にあたってこれらを決めること。

●武者走（むしゃばしり）
土居や石垣の内側に沿って続く細い通路。または城内から塁上へ上がる坂。

〈堀、土塁、石垣、石塁〉

城郭の周囲を守るために、深い溝を掘るか、高い壁を築く必要がある。溝は「堀」（または「濠」「壕」）となる。壁は「土塁」「石垣」などになる。なお、築城工事には「作事」と「普請」がある。堀や石垣、土塁などを築くこと（土木工事）を「作事」といい、門や櫓、天守、御殿などを建てること（建築工事）を「普請」と呼ぶ。

●堀・濠・壕（ほり）
城郭の防衛のため、曲輪の周囲などに設けられた溝。本書では、人工的に掘られた溝を「堀」と記し、水をたたえたものを「水堀」、水がないものを「空堀」と表記した。また、川や谷など、自然の地形を利用した場合は、水がある場合を「濠」、水がない場合を「壕」と表記した。

●堀切（ほりきり）と竪堀（たてぼり）
山城などで、尾根線に沿って敵が移動することを防ぐため、尾根筋を横切る方向で掘られた空堀を「堀切」という。一方、斜面に沿って空堀が掘られると、敵が斜面を水平方向に移動するのを防ぐことができる。このように掘られた空堀を「竪堀」とよぶ。

●土塁（どるい）、石垣（いしがき）、石塁（せきるい）
曲輪の周囲に城壁として連続して設けられた土盛りのこと。多くの場合、堀を掘ったことで生じる土を盛り固めて造られる。

石を積み上げた城壁や基壇を石垣、または石塁と呼ぶ。石垣はまず土塁を築き、その外壁部に石を積んだもの。これに対し土塁を築かず、最初から石を積み上げて築いたものを石塁と呼ぶ。

東日本の城郭では、石垣が築かれるのはおおむね戦国時代から。近世城郭であっても石垣を持たず、土塁だけという城郭もある。

〈石垣の積み方〉

石垣は石の加工の方法により、「野面積」「打込はぎ」「切込はぎ」に、石の積み方で「乱積」「布積」「算木積」などに分類される。

●野面積（のづらづみ）
自然石を加工せずそのまま積み上げたもの。石垣の表面は凹凸が著しく、石と石の間の隙間も目立つ。

●打込はぎ（うちこみはぎ）
自然石を割るなどして割り面を平坦に加工し、割り面を石垣の表面に出して積んだもの。野面積に比べると石垣の表面の凹凸が少ないが、石と石の間には隙間がある。

●切込はぎ（きりこみはぎ）
石を方形などに加工してから積む。石垣表面の凹凸がほとんどなく、石と石の隙間がない。見た目も美しく、で防衛力も優れているが、築造には時間と労力がかかる。

●乱積（らんづみ）
さまざまな形の石を不規則に積んだ石垣。

●布積（ぬのづみ）
石の継ぎ目が横に整然と並ぶように詰まれた石垣。

●落し積（おとしづみ）
石の形をそろえて継ぎ目が対角線状になるように積んでいく。重量バランスに優れた積み方だが、技法が確立するのは江戸時代後期で、それ以前の城郭にはほとんど見られない。

●算木積（さんぎづみ）
石垣の角に用いられる積み方で、直方体に加工した石を、長辺・短辺を交互に井桁状に組む。

〈城の建築物〉

●石落（いしおとし）
天守閣・櫓・塀などの一部を張り出させて、下方の敵を攻撃できるようにしたもの。

●狭間（さま）
壁面に設けられた穴で、城内から外部に対し、鉄砲や弓矢で攻撃をするためのもの。

●唐破風・千鳥破風（からはふ・ちどりはふ）
天守や櫓の屋根に取り付けられた山形状の小さな屋根や付属物を破風という。天守や櫓の壁を張り出させてその上に屋根を載せれば破風となる。このうち、三角形をなすものを千鳥破風という。同じ三角形でも、屋根の付属物ではなく屋根の一部となっている場合は入母屋破風という。

小屋根が丸い山形の曲線をなすものを唐破風といい、小屋根ではなく屋根の軒先を丸い山形にしたものを軒唐破風という。

〈門の形式〉

●冠木門（かぶきもん）
2本の門柱の上部に、冠木と呼ばれる横木を渡したもの。屋根はなく、簡素な造り。

●棟門（むねもん）
2本の主柱の上に横木を渡してその上に屋根を載せた形式。武家屋敷などに見られることが多い。

●薬医門（やくいもん）
棟門に似ているが、2本の主柱の後方に控え柱があり、屋根が主柱の真上ではなくやや後ろに寄っている形式。

●高麗門（こうらいもん）
城郭建築に特有の門。2本の主柱の上に

横木を渡してその上に屋根を載せた棟門形式の門に門扉と控え柱をつけ、門扉を開いた状態の時、門扉の上部にも屋根をつけた門。屋根の形がカタカナの「コ」の字形になる。

●櫓門（やぐらもん）

城郭建築に特有。2層の門で、下部を通行し、上部は倉庫や長屋などに利用する。

●渡櫓門（わたりやぐらもん）

城郭建築に特有。櫓門の左右に石垣を築き、石垣の上に櫓門を渡した造り。

●埋門（うずみもん）

石垣の一部に穴を開けて通行できるようにした門で、有事には内側から埋めて門そのものをなくすことができるようにしている。

●長屋門（ながやもん）

長屋建築の一部に門を設けて通行できるようにしたもの。逆にいうと、門の中に門番小屋や厩に利用できる部屋を持った門。

●桝形門（ますがたもん）

2つの門とそれに挟まれた空間で構成される形式の虎口。最初の門をくぐると周囲を塀や石垣などで囲まれた桝形があり、その奥に次の門がある、という様式。最初の門と次の門は直角方向に曲げたり、クランク状に食い違わせるなど直線的に進めないようになっていることが多い。

〈城郭の区分〉

●山城

独立した山や複数の山が連なる山脈の山上ないし山中に築かれた城。戦国時代の城郭に多い。戦争の際の防衛力に自然の険しい地形を利用したもので、守りやすく攻めにくい。高所にあるので、敵味方の動向を一望できるという利点もある。一方、険しい山の上にあるので日常生活には不向きで、平時は山麓の居館に住み、有事の際には山頂の要害にたてこもる、というようになっていた。

本書に紹介した城では、久留里城、八王子城、岐阜城、岩村城、苗木城、村上城などが山城である。

●平山城

20m～100m程度の丘陵地に造られた城で、周囲の平地を取り入れ、山城では別々だった要害と居館を兼ね合わせた城。戦国時代後期になって、戦いに鉄砲と大砲が使用されるようになって戦法が変化したことと、領国支配の拠点としての利便性をあわせもたせた。

本書に紹介した城では、仙台城、盛岡城、白石城、会津若松城、江戸城、小田原城、掛川城、犬山城などが平山城である。

●平城

平地に築かれた城。食料や水、物資などの搬入には便利だが、防衛のためには石垣や堀や土塁を築かなければならない。軍事上の要害としての機能よりも政治上の利便性を優先した結果の城といえ、どちらかといえば近世の城に多い。

本書に紹介した城では、五稜郭、松前城、弘前城、山形城、小峰城、松本城、駿府城、大垣城、名古屋城などが平城である。

●水城

海や湖沼の近くに建ち、これらを天然の堀として築かれた城。立地としては平城になる。築城当初は水城だったものが、埋め立てや干拓などによって水際が後退し、現状は平城となっている場合が多い。

本書では、関宿城、忍城、高島城などが水城であるが、いずれも現代は城の周囲が市街地ないし農地となっていて、往時の面影は薄い。

〈天守について〉

天守は城の中心で、その城のシンボル的な存在となる建物だ。そのルーツは織田信長の安土城とされるが、天守らしき建物ということであれば、多門山城など信長以前の城郭にも存在する。ちなみに信長の時代には「天主」と表記して、江戸時代以降は「天守」と現したようだ。また、「天守閣」と呼んだのは明治以降のことである。

●天守の特徴

天守の特徴を挙げると、まず3層以上の重層建築であること、最上階は展望がきく施設になっていること、そして天守台に載っていること、がある。天守台の大半は石垣だが、土塁の場合もある。

●天守のない城

天守はすべての城郭に存在したわけではない。天守がなかった城には、築城当初から天守が建てられなかった城、当初はあったが火災などで失われた後再建されなかった城に大別される。その背景には、徳川幕府に対する遠慮や、武家諸法度による規制などがある。

●天守と櫓

天守と櫓は外見がよく似ている。城郭内にある櫓のうち、最大のものを「天守」と呼ぶ場合もあり、明確な定義があるわけではない。ただ、天守は戦国時代には「殿主」「殿守」などと呼ばれたこともあり、その城の主が使用することが前提の建物なので、それにふさわしい格式を持たせて建てることになる。一方、櫓は物見の台であり、また「矢倉」すなわち武器倉庫が原型である。

●天守と武家諸法度

元和元年（1615）、徳川幕府は「一国一城令」を発令し、一大名が複数の城郭を持つことを原則禁止する。これによっておよそ400の城郭が破却された。さらに同年、幕府は「武家諸法度」を布告する。これによって新たな築城は禁止され、居城の修復や改修も幕府の許可なしにはできなくなった。また改修の際に天守に相当する建築物を新たに造営することも禁止された。

こうしたことから、元和年間（1615～1624）以降の城には天守の代用として「御三階櫓」が建てられることがあった。

〈天守の区分〉

天守は付属建築物によって分類できる。

●独立式天守

天守が単体で建ち付属建築物のないもの。弘前城、江戸城、岐阜城など。

●複合式天守

天守に小さな櫓が付属しているもの。犬山城、小田原城など。

●連結式天守

天守と櫓（または大天守と小天守）を廊下橋などでつないだ形式。名古屋城、会津若松城など。

●複合連結式天守

天守と2基の小天守または櫓をつないだ城。松本城など。岡崎城もこの形式だったが再建された天守には櫓が設けられていない。

●連立式天守

大天守と2基以上の小天守または櫓を連結し、巨大な天守曲輪とする方式。カタカナの「ロ」の字の形で櫓が結ばれる。東日本にはこの形式の城はない。全国的には姫路城が有名。

〈天守の形式〉

●望楼型天守

初期の天守建築に多い。大きな入母屋造の建物を下層部とし、その大屋根の上に望楼となる小さな建物を載せた形式。下層部と上層部が別の構造物となる。犬山城、松本城、高島城、大垣城、岐阜城など。

●層塔型天守

寺院の五重塔や三重塔のように、下層部から上層部へ各層を積み上げていく方式。松本城、弘前城、名古屋城、小峰城、会津若松城、小田原城、松前城など。

著者●小林祐一（こばやし・ゆういち）

旅と歴史のプロ・ナビゲーター。歴史紀行、文化財探訪、神社仏閣探訪などのジャンルを中心に取材・執筆・撮影。

池袋コミュニティカレッジ、東京都公園協会、高島屋カルチャースクール、JR 東日本大人の休日倶楽部、よみうりカルチャー、京王百貨店「くらしサプリ」歴史セミナーなどで「歴史散歩」「古寺探訪」関連の講師として活動中。日本歴史学会、日本城郭史学会、日本交通史学会会員。著書に『歴史街道　東海道・中山道を歩く』（弘済出版社）『休日のナチュラリスト』（共著・講談社 α 文庫）『駅弁革命』（交通新聞社）『秩父三十四ヶ所札所めぐり観音霊場巡礼ルートガイド』『坂東三十三ヶ所札所めぐり観音霊場巡礼ルートガイド』『四国八十八ヶ所札所めぐり遍路歩きルートガイド』『東日本 名城紀行』『東京古寺探訪』（メイツ出版）、『山手線　駅と町の歴史探訪』（交通新聞社）ほか。

現住所：東京都豊島区巣鴨3-15-12-1F
小林編集事務所内

本文デザイン●山本史子　今泉明香（株式会社ダイアートプランニング）
写　真●小林祐一
編　集●高野晃彰（ベストフィールズ）

西日本　名城紀行

2019年 6月30日　第1版・第1刷発行

著　者　小林祐一（こばやしゆういち）
発行者　メイツ出版株式会社
代表者　三渡 治
〒102-0093 東京都千代田区平河町一丁目 1-8
TEL：03-5276-3050（編集・営業）
03-5276-3052（注文専用）
FAX：03-5276-3105
印　刷　三松堂株式会社

ご意見・ご感想はホームページから承っております。

メイツ出版ホームページアドレス　http://www.mates-publishing.co.jp/

編集長：折居かおる　　副編集長：堀明研斗　企画担当：折居かおる

※本書は 2008 年発行の『日本名城紀行 西日本編』の改訂版です。